Compact
コンパクト版 保育者養成シリーズ

谷田貝公昭・石橋哲成 [監修]
青木 豊・藤田久美 [編著]

新版 障害児保育

一藝社

監修のことば

　本「保育者養成シリーズ」(全21巻) は、厚生労働省から出ている「教科目の教授内容」(「指定保育士養成施設の教授担当者が教授に当たる際の参考とすること」) に準拠したものである。
　2012年から刊行を開始し、2015年に全巻の完成をみた。おかげさまで、全国の保育士養成の大学・短期大学・専門学校等でテキストとして使われ好評をいただいてきた。
　ところが、2017 (平成29) 年に、「幼稚園教育要領」「保育所保育指針」「幼保連携型認定こども園教育・保育要領」の改訂 (改定) がそろって告示され、2018年4月より施行されることとなった。
　そこで、各巻の編者と著者に、先の3法令と不具合がないかどうか、検討作業をお願いした。不具合のあるものについては、書き改めてもらった。
　よく「教育は結局人にある」といわれる。この場合の人とは、教育を受ける人 (被教育者) を指すのではなく、教育をする人 (教育者) を意味している。すなわち、教育者のいかんによって、その効果が左右されるという趣旨である。そこで、教育を保育に置き換えると、「保育は結局人にある」となり、十分通用するといえる。
　保育学とか教育学とかは、ある意味において、保育者論、教師論であったといってよい。それは、保育・教育を論ずるとき、どうしても保育・教育を行う人、すなわち保育者・教師を論じないわけにはいかないからである。

今も昔も、保育の成否が保育者の良否にかかっているといってよい。昔と比べて、保育制度が充実し、施設設備が整備され、優れた教材・教具が開発された今日においても、保育者の重要性に変わりはない。なぜなら、施設等がいかに優れたものであっても、保育者の取り扱い方いかんによっては、無益どころか、誤らせることも起こり得るからである。

　保育者の仕事は、本質的な意味においては、小学校以上の学校の教師と異なるものではない。しかし、対象である被教育者の発達的特質、すなわち、未成熟であるということと、それに伴う発達の可能性が大であるということからくる点に特徴がある。すなわち、保育の方法や保育の内容などでも、小学校以上の方法や内容とはかなり異なったものがあるのである。

　したがって、保育者は、乳幼児期の発達上の諸課題とそれを実現させるための諸条件、そして、その働きかけのさまざまな方法を認識していなければならない。そうした面で、本シリーズを役立てていただければ幸いである。

2018年3月吉日

監修者　谷田貝公昭

石橋　哲成

まえがき

　障害のある子どもを取り巻く環境は、ここ近年、大きく変化している。わが国では、共生社会の実現を目指した様々な取り組みが具体的にすすめられている。とりわけ、国の障害児支援施策においては、より一層の充実が求められ、乳幼児期の早期支援の質が向上している。障害の気づき・発見・診断の過程で、医療・福祉・教育等の専門領域で必要なサービスを受けることができるよう地域を基盤としたネットワーク支援体制のもと、関係機関の連携が実現しつつある。

　その中で、幼稚園・保育所・認定こども園等（以下、保育の場）、子どもの発達を日常的・継続的に支えることのできる専門機関にはどのような役割があるのだろうか。保育の場は、障害のある子どもだけが利用する児童発達支援センター等の専門機関と異なり、居住地域で、同年齢の子どもと出会いと交流の機会が与えられる。このような経験は、障害のある子どもにとっても、障害のない子どもにとっても、双方に意義があることが保育研究でも明らかになっている。近年では、障害のある子どもを包摂し、障害のあるなしにかかわらず一人ひとりが大切にされる保育、言いかえれば、「インクルーシブな保育（一人ひとりを大切にした保育）」の必要性が叫ばれるようになった。地域を基盤とした共生社会のあり方を問うとき、社会を構成する人々の思想や価値観が影響を与える。幼少期から、障害のある子どもと障害のない子どもが共に育ち合う経験をすることのできる保育の場の社会的役割と責任が大きくなっている。

　また、保育の場では、今、障害の診断のある子どもだけでなく、気になる子ども等、多様な子どもの支援に対応することのできる能力・資質を兼ね備えた保育者が求められるようになってきた。

　このような現状をふまえ、本書では、障害のある子ども、気になる子ども等の発達に課題や偏りを抱えている子ども、さらにそれらの子どもを育てる家族への支援について、基礎的な知識を習得できる内容とした。

執筆者は、それぞれの専門分野から、保育者を目指す学生に、近年の保育現場の現状と課題をふまえた上で、障害のある子どもの理解と支援のための知識、彼らを包摂した保育実践のあり方を提案している。

　障害児保育の実践をしている保育者の声に耳を傾けると、本書のコンセプトでもある「インクルーシブな保育」の実現には、まだまだ多くの課題が存在していることがわかる。本書では、読者とともに課題を共有し、これからの保育のあり方を考察してみたい。そのためには、本書を手にし、実際の保育現場で育つ子どもや保育者の姿を想像しながら学んでほしいと思う。障害のある子どもを理解すること、家族を支援すること、障害のある子どもと障害のない子どもが保育の中で共に育ちあうことの意味について、心を動かし、頭を働かせながら、考察してほしい。さらに、あなた自身がどんな保育者になりたいか、理想の保育者像を描いていただきたい。

　障害児保育は保育の原点であるとよくいわれる。一人の子どもを理解することの難しさと大切さを知り、子どものために日々奮闘することを通して、子どもへのまなざしの質が変わり、知識が与えられ、保育技術が研かれる。保育実践と省察は、保育者を成長させるのである。多くの人が保育の原点である障害児保育を学び、障害児保育の実践に携わってほしいと願っている。

　最後になったが、障害児保育の編集の機会を与えてくださった監修者の谷田貝公昭先生、本書の編集に関わっていただいた一藝社の川田直美さんに感謝する。

2018年3月

編著者　　青木　豊
藤田　久美

もくじ

監修のことば 2
まえがき 4

第1章 「障害」の理解
第1節 障害をどのように捉えるのか 9
第2節 障害観とその歴史 13
第3節 障害の理解について 16

第2章 障害児のわが国における歴史
第1節 歴史の大まかな流れ 17
第2節 各時期における特徴と発展 18

第3章 障害児保育の現状と課題
第1節 障害児の入園数の増加 25
第2節 特別な支援を必要とする子ども 30

第4章 これからの障害児保育を支える理念と形態
第1節 障害児保育の理念 33
第2節 障害児保育の場と形態 35
第3節 障害児保育の方向性 37

第5章 「気になる子ども」の理解と支援
第1節 「気になる子ども」とは 41
第2節 「気になる子ども」への対応 45
第3節 「気になる子ども」の保護者理解と対応 47

第6章　肢体不自由児の理解と支援

第1節　肢体不自由のある子どもとは　49
第2節　肢体不自由のある子どもと保育実践　52
第3節　幼稚園・保育所の役割は何か　54

第7章　視覚障害児・聴覚障害児の理解と支援

第1節　視覚障害児・聴覚障害児の理解　57
第2節　視覚障害児・聴覚障害児の保育　59
第3節　未来を見据えた支援　64

第8章　知的障害児の理解と支援

第1節　知的障害児の理解と支援　65
第2節　知的障害児への支援　67

第9章　発達障害児（自閉スペクトラム症等）の理解と支援

第1節　発達障害の理解　73
第2節　自閉症スペクトラム障害の理解　74
第3節　注意欠陥多動性障害の理解　75
第4節　学習障害の理解　76
第5節　発達障害に対する配慮と支援　77

第10章　一人ひとりが大切にされる障害児保育の展開

第1節　一人ひとりを大切にする保育　81
第2節　インクルーシブな保育と環境整備　84

第11章　家族理解と支援

第1節　障害児の家族の心理を理解する　*89*
第2節　障害児の親や家族への支援　*93*

第12章　関係機関との連携と協働

第1節　障害のある子どものための施策と関係機関　*97*
第2節　関係機関との連携と協働の実際　*101*

第13章　障害児の理解と支援

第1節　「個別の指導計画」の意義　*105*
第2節　「個別の指導計画」の作成　*107*
第3節　記録・評価　*110*

第14章　障害児保育の実際

第1節　保育実践時例　*113*
第2節　クラス運営　*114*
第3節　集団の中で育てる　*116*

第15章　障害児保育の質を高めるために

第1節　保育者の専門性　*121*
第2節　保育記録および評価　*123*
第3節　保育カンファレンスと省察　*126*

付録（関連資料） *129*
監修者・編著者紹介　*143*
執筆者紹介　*144*

第1章 「障害」の理解

第1節 障害をどのように捉えるのか

　近年の幼稚園や保育所等をめぐる状況においては、「気になる子」といわれる発達障害の子どもを含む、さまざまな障害のある子どもに対応した保育の実践が求められる。障害のある子どもに関する基礎・基本的な理解や知識は欠かせないものとなり、一人ひとりに適した指導や支援・援助の内容・方法が常に問われているのである。障害のある子どもを理解するためには、幅広い視点・視野を持ち、保育実践を俯瞰的に捉えることが重要となる。

　守屋［2004］は、障害児の教育や保育について、相手の障害に同情するまなざしではなく、相手の自我の成長を期待する愛のまなざしが必要であると述べている。真の共生社会の実現に向けて、障害のある子どもはもちろん、全ての子どもに「自我の成長を期待する愛のまなざし」を向けながら保育を展開していくことが求められているのではなかろうか。

　なお、時代の流れとして、多くは「障害」の「害」についてひらがな表記となりつつあるのが一般的である。科目名、法令、条例、規則等の例規文書や団体名などの固有名詞、他の文書や法令等を引用する際は、「障害」と表記することとなっている。今後、その点を注意して使用したい。

　ここで、2016（平成28）年6月に閣議決定された「ニッポン一億総活躍プラン」ではすべての人が地域、暮らし、生きがいを共に創り、高め合うことができる「地域共生社会」の実現が提唱され、これらを受け、「他人事」になりがちな地域づくりを地域住民が「我が事」として取り組む

仕組みや「丸ごと」の総合相談支援体制の整備など「『我が事・丸ごと』の地域づくり」の具体的な取り組みが示されている。また、2018（平成30）年4月に施行される予定の改正児童福祉法により、障害児のサービスにかかる提供体制の計画的な構築のための策定が障害児福祉計画として義務づけられていることを、しっかりと理解したい。

1 障害とは

　あなたは、「障害」という言葉からどのようなイメージを抱くだろうか。根本に、医学的には治らないから、一生そのままで不自由なものと思う人もいるだろう。障害児・者のスポーツ教室などをしていると、「大変な体なのに、頑張っているね。私たちは健康な体だから、負けないようにもっと頑張らなくっちゃいけないね」という会話を聞くことがある。この言葉から考えてみると、無意識のうちに自分を障害児・者と比較し、頑張らなければ優位になることができない。つまり、障害児・者をレベルダウンの対象に固定化した見方をしているのではなかろうか。また、障害の状態や特性は変わらないと固定概念のように考えている人もいるのではないだろうか。

　障害があることは、確かに不自由で不便で不利なことは多いだろう。しかしながら、障害に対して適切な働きかけと援助・支援をすることにより、日常生活や活動が広く可能となり、多くを軽減できることは、さまざまな先行研究などから明らかとなってきている。

　人間は生涯にわたって発達し、変化していく存在である。一人ひとりの発達に障害がどのように不便で不自由をもたらし、それをどのようにすれば改善することができるのかという視点で、障害を考えていただきたい。

2 障害の定義と分類

　「障害」と一口に言ってしまうが、障害を3つのレベルに分けた考え方を基本としたのは1972年のWHO（世界保健機関）の定義である。こ

こで、障害の3つのレベルとは、「機能障害（impairment）」「能力障害（disability）」「社会的不利（handicap）」である。**図表 1-1**に示したように、病気や疾患から機能障害が起こり、それが元で能力障害が生じ、結果的に社会的不利がもたらされること、あるいは機能障害から直接、社会的不利が生ずるとされた。この一方向的な考えを機に、1980年にICIDH（international Classification of Impairments, Disabilities, and Handicaps）としてWHOの国際障害分類がなされた。

図表1-1　ICIDH：WHO国際障害分類（1980）の障害構造モデル

図表1-2　ICIDH：WHO国際障害分類（2001）の構成要素間の相互作用

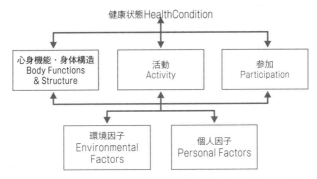

出典：[上田敏「LCF:国際生活機能分類と21世紀のリハビリテーション」『広島大学保健学ジャーナル』VOL.2（1）、2002、pp.6-11] を基に作成

例えば、乳児期に病気のため聴力を失ったBさんを例に考えてみる。医学的に聴力がないことは「機能障害」である。その結果として、音が聞き取れない、言葉が話せないという「能力障害」、日常の会話ができない、生活の中の音が聞き取れず、危険な場合も多く「社会的不利」が起こる。つまり、「機能障害」「能力障害」「社会的不利」が直線的な因果関係と考えられるのである。しかしながら、人工内耳の進化や補聴器などを使用することによって「能力障害」は軽減されるだろう。また、手話

や筆記などによりコミュニケーションが取れるようになれば「社会的不利」も少なくなる、というように障害児・者の周りの環境とのかかわりによって大きく影響されるのも事実である。

このようなことから、2001年に、WHOはICF（International Classification of Functioning, Disability and Health: 国際生活機能分類）を国際障害分類の改訂版として定義している。前頁**図表1-2**にあるように、健康状態と背景因子との関係や心身機能・身体構造、活動、参加における機能によって分類されるのが特徴である。さらに、今まで否定的でマイナス面で捉えている言葉から、生活機能をプラスの観点を重要視し、障害児・者の全体像を見ていくように視点を転換した考え方に改められた。そして、障害児・者のみならずあらゆる人間を対象として、生活と人生の全てを分類・記載・評価できるものにと、その文脈が進められている。

ここで、ICFの構成要素の定義を、**図表1-3**に記載するので、ぜひ**図表1-2**と見比べてほしい。

これらを見ると、障害とは個人に特定されるものではなく、社会的な環境により影響を受ける機能の状態であることがわかる。であれば、環

図表1-3　ICFの構成要素の定義
- 心身機能（body functions）とは、身体系の生理的機能（心理的機能を含む）である。
- 身体構造（body structures）とは、器官・肢体とその構成部分などの、身体の解剖学的部分である。
- 機能障害（構造障害を含む）（impairments）とは、著しい変異や喪失などといった、心身機能または身体構造上の問題である。
- 活動（activity）とは、課題や行為の個人による遂行のことである。
- 参加（participation）とは、生活・人生場面（life situation）への関わりのことである。
- 活動制限（activity limitations）とは、個人が活動を行うときに生じる難しさのことである。
- 参加制約（participation restrictions）とは、個人が何らかの生活・人生場面に関わるときに経験する難しさのことである。
- 環境因子（environmental factors）とは、人々が生活し、人生を送っている物的な環境や社会的環境、人々の社会的な態度による環境を構成する因子のことである。

出典：守屋國光『特別支援教育総論』風間書房、2015、pp.27、28』を基に作成

境の要因となるところを改善・充実させることが重要となることが理解されよう。近年、注目されるUD（ユニバーサルデザイン）という考え方である。パソコンやスマートフォンの普及などのICT、障害児・者を取り巻く環境がよりバリアフリーになり、ユニバーサルデザインの生活用品が考案されていくことで、個人の生活の困難さはかなり軽減されるものと考える。

第2節　障害観とその歴史

1　ノーマライゼーションの考え方

　ノーマライゼーションの考え方は、1950年代にデンマークで始まり、障害者を取り巻く社会福祉の考え方が世界中に広がった。当時の北欧諸国では、障害者や高齢者などの社会的弱者を正常（ノーマル）なものとせず、社会から隔離し、施設内に収容し生活させるという傾向が散見された。そのような中で、社会省担当官であったバンク - ミケルセン（N.E.Bank-Mikkelsen, 1919～1990）が、隔離され劣悪な環境の巨大施設に収容されている知的障害者の実態に抗議し、障害者が一般市民と同じ場所で同じ生活ができるようになることを求めた運動が、その始まりである。つまり、「障害のある人間」を特別な存在としてではなく、「我々と同じ人間」として理解し、できるだけノーマルな生活を送れるようにするということである。ミケルセンは「その国で障害のない人が普通に生活している通常の状態と、障害がある人の生活状態とを可能な限り同じにすること」と定義している。

　この運動はその後、スウェーデンのニィリエ（B.Nirje,1924～2006）に引き継がれた。彼は「知的障害者は、ノーマルなリズムにしたがって生活し、ノーマルな成長段階を経て、一般の人々と同等のノーマルなライフサイク

ルを送る権利がある」とし、ノーマライゼーションの原理を提唱した。このような考え方がアメリカでも紹介され、世界的に普及させたのがヴォルフェンスベンガー（W.Wolfensberger, 1931〜2011）である。そして、国連の「知的障害者の権利宣言（1971年）」、「障害者の権利宣言（1975年）」、「国際障害者年行動計画（1980年）」などの基本理念として位置づけられ、「国連・障害者の10年（1983〜1992年）」へと発展および展開していった。

わが国でも「国連・障害者の10年」を受け、様々な取り組みが行われた。「障害者プラン」（ノーマライゼーション7か年戦略：1995年）においては、ノーマライゼーションの理念に基づき、施策の目標に、①地域で生活するために、②社会的自立を促進するために、③バリアフリー化を促進するために、④生活の質（QOL）の向上を目指して、⑤安全な暮らしを確保するために、⑥心のバリアを取り除くために、⑦わが国にふさわしい国際協力・国際交流を、7つの視点を盛り込んでいる。

ここでは、人間としての尊重と基本的人権、教育や労働など地域の共生社会での生活の保障が重視された。このように、ノーマライゼーションの考え方は、障害者も健常者も同じように、社会の一員として参加・参画し、自立した生活ができる社会を目指すものである。それは、障害者も健常者も、高齢者も外国にルーツのある人も、全てのさまざまな人が必要とする支援を受けながら、地域で生活し支え合うノーマルな社会を作り出すことである。

2 ノーマライゼーションの障害児保育・特別支援教育への影響

またノーマライゼーションの原理は、障害児保育や特別支援教育にも大きく影響していると言える。例えば、アメリカの「全障害児教育法（1975年）」やイギリスの「ウォーノック報告（1978年）」では、隔離された状況の中の教育、あるいは入学を全く拒否されていた子どもに対して、「障害のある子どもと障害のない子どもが、いっしょに学習していきましょう」「あなたに合った教育の環境を考え、実践していきましょう」という「統

合教育（インテグレーション：integration）」、「特別な教育的ニーズ（SEN: Special Educational Needs）」の考えに転換されてきた。日本でも、徐々にそれらの考えが取り入れられ、健常児の中に障害児が入り、同じ場所で、同じ活動内容を通して、双方が育ち合い学び合う保育・教育の実践というものが盛んに行われるようになってきた。

　その後、ユネスコによるサラマンカ宣言(1994年)により、インクルージョン（inclusion）の考え方が提起された。それは、子どもの実態を捉えるときに、障害の医学的な程度の判断ではなく、個々のニーズに立って、全ての子どもへの教育的サポートをすることにある。

　ノーマライゼーションの理念は、医療から生活機能へ、ADL（日常生活動作：Activities of Daily Living）からQOL（生活の質：Quality of Life）へ、施設から地域社会へ、保護から本人主体へと変化し、障害者のあるがままの姿を受け入れ、地域で我々と同様の社会生活を送ることが可能となるようにすることである。前述したノーマライゼーションの父といわれるミケルセンは「ノーマライゼーションを難しく考える必要はない。自分が障害者になったときにどうしてほしいかと考えれば答えは自ずと出てくる」と述べている。

　このようなノーマライゼーションの思想に裏付けられ、保育・教育も大きく変遷してきた。2008年の「幼稚園教育要領」「保育所保育指針」では、障害のある子どもの保育について明記されている。「幼保連携型こども園教育・保育要領」も含め、2017年の改訂（定）でも同様である。また2019年からの教職課程においては、特別なニーズのある子どもに対する支援の方法を学ぶことも必修化された。

　ここで、中央教育審議会報告（2012）では、共生社会を「誰もが相互に人格と個性を尊重し合い、人々の多様な在り方を相互に認め合える全員参加型の社会」と定義している。わが国の障害児保育の制度を見ると、分離保育と統合保育の形態がほとんどである。包容や包摂と訳されるインクルージョンについては多くの課題もあり、これからの発展に期待するところである。

第3節 障害の理解について

1 障害のある人に関わるしるしやマーク

　障害者のための「国際シンボルマーク」が浸透してきている。視覚障害のある人のためには国際シンボルマークや耳マーク、補助犬マーク、オスメイトマーク、ハート・プラスマークなどがある。身体障害者標識や聴覚障害者標識も随分と見かけるようになった。ヘルプマークは、援助や配慮を必要とする人のためのマークである。このマークを見かけたら、電車内で席を譲る、困っているようであれば声をかけ、思いやりのある行動をとるようにしたい。

2 障害者週間とは

　毎年12月3日～9日は「障害者週間」である。この「障害者週間」とは、障害の有無に関わらず、相互に人格と個性を尊重し合いながら共生する社会の実現に向け、国民の間に地域社会での共生や差別の禁止などに関する理解を深めるとともに、障害者が社会、経済、文化その他あらゆる分野の活動への参加を促進することを目的として、障害者基本法（2013、最終改正）に定められているものである。ぜひとも心に留めておいてほしい。

【引用・参考文献】
伊藤健次編『新・障害のある子どもの保育〔第3版〕（新時代の保育双書）』みらい、2016年
小川圭子、矢野正編著『改訂版　保育実践にいかす障がい児の理解と支援』、嵯峨野書院、2017年
守屋國光「障害児教育におけるCUREとCAREの問題(6)」『障害児教育研究紀要（大阪教育大学養護教育教室）』第27号、pp.1-8、2004年
中央教育審議会初等中等教育分科会「共生社会の形成に向けたインクルーシブ教育システム構築のための特別支援教育の推進（報告）」平成24年7月23日
林邦雄・谷田貝公昭監修、青木豊編著『障害児保育（保育者養成シリーズ）』一藝社、2012年

(矢野　正)

第2章 障害児のわが国における歴史

第1節 歴史の大まかな流れ

　現時点で、障害のある乳幼児は、各種機関に通所して教育・保育を受けている。教育施設としては、幼稚園、特別支援学校幼児部がそれである。福祉施設としては、保育所、児童発達支援センターがある。また一部の子どもは障害児入所施設で生活している。これら施設はそれぞれ重なりながらも異なった歴史をたどり現在に至っている。本章では、主に幼稚園、保育所での受け入れに向かった歴史に焦点を絞って、その歴史を振り返り、現代の障害児保育を考える歴史的観点を共有する。

　わが国における公的な障害児教育・保育の歴史は必ずしも長くない。それは、およそ100年間の歴史である。1916（大正5）京都市盲唖院（「見えない」）聾唖部（「聞こえない」「しゃべれない」子どもが対象）が幼児科に設置されたことに始まった。しかし、その後－就学義務猶予・免除制度を背景に、障害幼児には教育や保育を受ける権利がない状態が1970年代まで続いた。その間も篤志の団体や個人の貢献での障害幼児保育・教育の努力は行われた。第2次世界大戦以降、児童福祉や乳幼児保健の認知が高まり、法・制度の施行を基盤に、障害幼児にも教育や保育を受ける権利があると公式に認知されるようになった。1970年代中頃になり初めて、公式に一般の幼稚園や保育所で他児と教育・保育が受ける方針が定められ、実際にも統合保育が進むようになった。

　障害の種別は、明治期にすでに尋常小学校において始まっていた聾唖を含む身体障害児教育から、現代においては発達障害や情緒面で気になる子等にもその対象が広がった。幼稚園と保育所での実践形態の主流は、

統合保育（定型発達児のクラスに障害児を統合して一緒に保育する）であった。重症児を除いては、分離保育（障害児と定型発達児を異なるクラスで保育する）は短い期間（主に1960年代中頃〜70年代中頃）に少数の施設で行われたにすぎない。

　思想的な背景については明治期からの優生学的観点を経て、特に戦後に障害児の生存権、教育権の認知と重視の思想が広がった。それと平行して、障害児保育を支える思想も、障害幼児の教育における無権状態から、定型児とは別のクラスや施設で保育する分離保育 segregation が主張された（1940年代から）少ないながら行われた（1960年代）。さらには障害児を定型発達児と一緒に保育する統合保育 integration の思潮を経て、障害のある子どもをことさら区別せず、すべての個々の子どものニーズに合わせた教育・保育を実践しようとする inclusion の（包括あるいはインクルーシブな）考えが現代の主流となりつつある。

第2節　各時期における特徴と発展

1　明治から昭和初期

　障害児教育が公式に行われるようになった明治期から、以下に示す時期に区分してまとめる。

(1) 明治期から昭和初期

　この時期の歴史的の特徴は、① 主な教育の対象は聾唖児、盲児、② 同一障害を集めた保育形態、③ 先駆的に行われた幼児教育・保育も小学校に円滑につながる予科教育と考えられていた、④ 明治末期に就学義務猶予・免除制度が公式になった、などである。

　明治に入り、公式に障害児教育が始まった。しかしその主な対象年齢は小学校以上であった。例えば、1876（明治9）年には、聾唖児を対象

に「私立廃人学校」が東京に設置されている。

　日本最初の幼稚園とされる東京女子師範学校附属幼稚園が、1876（明治9）年に創設された。しかし、当時の記録に障害のある幼児の保育についての記載はなく、入園の対象でなかったのではないかと考えられている。明治末期になり、キリスト教系の無料保育園において障害児を預かっていたと思える記録がある。

　大正期に入ると、1916（大正5）年に、京都市盲啞院に幼児部が設置された。この設置は、本邦で初めての公式な障害幼児教育機関の設置と考えられる。約100年前のことである。この後、いくつかの先進的施設が各地に設置されていった。1924（大正13）年に設立した横濱訓盲院に幼児の初等部予科、1926（大正15年）京都盲啞保護内に設置された京都聾口話幼稚園、などである。

　さて明治末期から第2次世界大戦の敗戦を迎えるまで、わが国においても優生学の思潮も強かった。優生学とは、「富国強兵」のために「障害児をできるだけつくらない」という考えを含む思想である。同思想も一つの要因となり、その後の障害児保育・教育の足かせになる制度が1880年代から施行された。すなわち「就学督責規則起草心得」（1881〈明治14〉年）では、「疾病ニ罹ル者」「廃疾ノ者」及び「一家貧窮ノ者」は不就学となり得るとした。これ以降一連の学校令により、「就学義務の猶予」・「就学義務の免除」が公式なものになった。そのため障害児は教育の対象の埒外（らちがい）に置かれることとなり、その後60～70年近く障害児保育・教育の進展が遅滞した。1970年代になって初めて、これら制度は正式に取り払われた。

(2) 昭和初期から第2次世界大戦末期

　この時期の歴史的の特徴は、① 障害の対象の広がり－特に知的障害保育・教育の研究・実践の展開、② 公的託児所内での「保育困難児」対策、③ 保育研究と母子保健の萌芽・進展に伴う、障害児についての研究・実践の展開、④ 分離保育が主張される、などである。

1920年代、託児所の隆盛が始まった。同時期に、社会的課題として女性労働者問題がおこり、保育整備は国家の緊急課題となったことが大きな要因の1つである。以前は篤志家による慈善事業であった託児所が、急激に公的託児所となり全国に広がった。こうして広がる託児所保育に、「保育困難児」が含まれていた記録がある［河合・髙橋、2004］。

　またこの時期から「母子保健」の重要性が普及し、乳幼児健診が全国で行われるようになってゆく。このような保育の現状と母子保健の潮流があいまって、以下に示すように障害児保育・教育についても研究と施設実践が展開した。1933（昭和8）年には、小児保健研究会が設立し、1936（昭和11）年に保育問題研究会（保育研）が結成された。保育研の課題の1つが、「障害幼児の問題の科学的究明と実践開発の推進」であった。1934（昭和9）年に恩賜財団母子愛育会が設立した。1938（昭和13）年には愛育研究所異常児保育室ができて、日本で初めて知的障害幼児の保育が公式に行われた。また1943（昭和18）年には、「異常児保育の研究」が愛育研究所から公刊されるなど、知的障害児保育理論についての議論も展開していった。この時期には、障害児に特別の支援を行うため、定型発達児とは異なる施設・環境で保育・教育する形態である分離保育が主流となっていた。1938年から1945年まで第二次世界大戦が続いた。

2　戦後から現代

(1)　敗戦から1960年代初頭

　この時期の歴史的の特徴は，① 児童福祉の観点から法的整備が特に小学校教育で進んだ、② 一般の保育所・幼稚園は障害児の受け入れを行わず、そのため多くの障害幼児は、いまだ教育、福祉両面において無権利状態にあった、③ 障害幼児は一部篤志的な園でのみ受け入れられていた、などの特徴である。

　明治末期に施行された「就学義務の猶予」・「就学義務の免除」の制度は維持され、多くの障害幼児は、教育、福祉両面において無権利状態に

あった。しかし、以下に示すような篤志による一部例外的な園が受け入れを行っていた。すなわち1949（昭和24）年に閉鎖されていた愛育研究所異常児保育室が、「特別保育室」として復活、設立した。同保育室で活躍していた津守真により、1955（昭和30）年に私立愛育養護学校幼児部が設立された、などの施設である。

さて、1947（昭和22）年に学校教育法が制定され、障害児の学校が特殊教育諸学校として、盲学校、聾学校、養護学校に分類された、また1948（昭和23年）には前学齢期の「予科」を「幼稚部」と変更することも公式化した。しかしこの時期ですら障害児が"無権"であったため、1957（昭和32）年から精神薄弱児通園施設が全国に設立されたが、就学猶予・免除の学齢期の子の受け皿になるという状況であったと考えられている［吉川、2015］。

(2) 1960年代中頃から1970年代中頃

この時期の歴史的な特徴は、① 保護者会や民間団体などの障害者教育推進運動の発展、② 一般幼稚園、保育所での障害児の受け入れが進んだ、③ 法の策定・補助金制度により幼稚園、保育所での受け入れが公的に推進された、などの特徴である。

この時期にわが国は急速な経済発展を成し遂げ、1968年にはGNP（国民総生産）が3位となった。また人権意識・生存権思想も高まった。このような思潮のなか、国政において1963（昭和38）年中央児童福祉審議会（現在は社会保障審議会に一本化）は「保育に欠ける状況」の定義の見直しをはじめた。さらに1964（昭和39）年には第2次中間報告において、障害幼児についても、保育・教育を受ける権利が公式に認められた。一方、昭和初期からの分離保育の考えが基調にあったため、障害幼児は特別保育所で定型児とは分かれて保育されるように奨励されている。

この時期に、障害児教育の民間運動が高まりを見せた。障害児の学習権、発達権保障の概念が広がるとともに、障害児教育を求める運動が展開した。1967（昭和42）年には民間団体全国障害者問題研究会（全障研）

が設立された。猶予を回避する民間・保護者の運動が盛んになった。「土曜保育」「日曜保育」などの自主的障害児保育グループが生まれ、1966（昭和41）年には小金井市に手をつなぐ親の会が運営する保育グループが始まり、1968年には公立化し、1975（昭和50年）にはピノキオ幼稚園となった〔柴崎（日本精神薄弱者福祉連盟）、1997〕。これら民間運動にも後押しされ、1979（昭和54）年には養護学校が義務制 となり、制度的に全ての障害児の教育権が保障されることとなった。

　さて、60年代には先進的な教育・保育の研究・実践として分離保育が行われていた。しかしこの時期に平行して、幼稚園、保育園での障害児の受け入れと、定型発達児と一緒に教育・保育をおこなう統合保育が、公的に推進されることとなる。すなわち1973（昭和48年）中央児童福祉審議会中間答申において、「多様化する保育需要に対して、保育所が積極的にその役割を果たさなければならない」ことが明記され、1974（昭和49年）には「心身障害児幼稚園助成事業補助交付要網」（公立幼稚園対象）と「私立幼稚園特殊教育費国庫補助金制度」が策定され、同年「障害児保育事業実施要網」も公になった。同要網には、対象として「おおむね4歳以上の幼児であって、保育に欠ける状況で、かつ知的障害、身体障害を有するが、原則として障害の程度が軽く、集団保育が可能で、毎日通所できるもの」（中程度の障害児も含む）とされている。1973（昭和48）年滋賀県大津市は、市の全ての障害児を公立、私立の保育園、幼稚園に受け入れるという、先進的な実施を行った。しかし、全国的には障害児受け入れは一部の保育所に限られていた。というのもこれら法的な枠組みは、「指定保育所方式」であったからである。受け入れる保育所は、定員90名以上、障害のある子どもが1割程度通所するとの条件の上で、経費的援助が行われた。そこで1978（昭和53）年厚生省は、同方式を廃止「人数加算方式」を導入した。すなわち1人でも保育する場合、1人あたりの補助金交付としたのである。この制度により、徐々に一般幼稚園、保育所での障害児の受け入れが進むこととなった。

(3) 1970年代中頃から1980年代中頃

　この時期の歴史的の特徴は、① 幼稚園、保育所における障害児受け入れの加速、② 統合保育の進展、などの特徴である。

　既に記したように1979（昭和54）年養護学校義務制が確立し、制度的に全ての障害児の教育権が保障された。この時期、保育学、教育学、乳幼児保健、とりわけ乳幼児精神保健などの観点から、乳幼児期からの健診・養育・保育を含む総合的なケアが提唱されるようになった。より固有の障害児保育・教育の現状を見れば、障害児の一般保育所、幼稚園での受け入れが加速した。1980年において一般幼稚園の35％が障害児を受け入れていた。また1974年には保育所の0.1％が、1980年には7.6％が障害児を受け入れている。受け入れ形態として統合保育が進んだ。分離保育は、1970年代後半に一時芽吹いたものの急速に統合保育に吸収された。

(4) 1980年代中頃から2000年代中頃

　この時期の歴史的特徴は、① 統合保育における保育法の検討・研究が進んだ、② 障害の種類として「発達障害」から「気になる子ども」へそして保育者の「困り感」についての研究へと範囲を広げた、③ 統合保育integrationからインクルーシブ保育inclusion（包括）へと、障害者保育についての概念化と思潮が変化していった、などの特徴がある。

　統合保育における保育方法の検討・研究は、応用行動分析、保護者との連携、ケースカンファレンスについての研究など多岐にわたって進展した。また1990年代後半には、発達障害児を対象とした保育研究が盛んになった。

　制度の面でも、障害児に対する多角的で包括的な支援の体制が示され計画された。例えば1995（平成7）年には「障害者プラン～ノーマライゼーション7か年戦略～」（総理府障害対策推進本部）（1996～2002）において「地域における障害児療育システムの構築」が提示され、一般保育においても、より年少の障害児の発見と発達支援が求められるようになった。1998（平成10）年には教育課程審議会において「……（前略）障

害のある幼児に対し、できるかぎり早い時期から教育的な手立てを講ずることにより、その後の障害の状態の改善・克服などに大きな効果がみられることから、3歳未満の乳幼児を含む教育相談に関する事項を幼児部教育要領に明記する」とされている。

　思想的側面については、統合保育integrationの思潮を経て、障害のあるなしに関わらず、すべての個々の子どものニーズに合わせた教育・保育を実践しようとするinclusion（インクルーシブな）の考えが現代の主流となりつつある。

　2000年代以降は本書他章の現状に譲ることとする。

【引用・参考文献】
秋元玖美江、園山繁樹、磯部真由美　「個別的ニーズに応じた保育の指導法－軽度精神遅滞を伴う幼児の事例を通して」保育学研究、1992年版、pp37-44.
小笠原詠子、後藤守「北海道における統合保育の動向に関する研究」北海道大学教育学部紀要、55　1991年、pp. 47-55.
河合隆平、髙橋智「戦間期日本における保育要求の大衆化と国任保育運動の成立－保育要求のなかの保育困難児問題を中心に－」東京学芸大学紀要第1部55、2004年、pp.185－202.
日本精神薄弱者福祉連盟編『発達障害白書戦後50年史』日本文化科学社、1997年
吉川和幸「我が国の幼稚園における障害児保育の歴史的変遷と現在の課題」北海道大学大学院教育学研究院紀要（123）、2015年、pp.155-173

（青木　豊）

第3章 障害児保育の現状と課題

第1節 障害児の入園数の増加

1 発達障害児

近年、保育所において障害児の入所数は増加傾向にある。

図表3-1 保育所における障害児の受け入れ状況について

年	軽度障害児を含む受け入れ保育所	軽度障害児を含む実障害児数
平成22年	13590	45369
平成23年	14493	48065
平成24年	14658	50788
平成25年	15987	53322
平成26年	15429	56096
平成27年	16093	60174

出典：厚生労働省2017を基に筆者作成

前頁**図表3-1**より、平成22年から平成27年までの間で約４万５千から６万と多くの数の軽度の障害児の受け入れが行われるようになってきたことが読み取れる。これには、法制度の変革が大きく関わっている。平成17年に発達障害者支援法が成立し、これまで支援の対象ではなかった発達障害の子ども達が新たに支援対象として認知されることとなった。**図表3-1**で軽度の障害とされている障害児の中には発達障害児の割合が高いことが予想される。

就学後の発達障害児の動向を見てみよう。

図表3-2は小学校における通級指導教室を利用している児童数の推移である。通級指導教室とは、通常学級に籍を置き、時間による取り出し指導を行う方法である。

通級指導教室を利用する児童の内訳（**図表3-3**）を見てみよう。

このように、通級指導教室を利用する児童の中でも発達障害児（注意欠陥多動性症・限局性学習症・ASD）が急激に増加していることがわかる。この事実から、幼稚園や保育所に通う子どもの中にも診断はされていないが、発達障害が疑われるケースが比較的多く存在することが予想され

図表3-2　通級による指導を受けている児童数の変化

年度	児童数（人）
平成5年	11963
平成10年	23629
平成15年	34717
平成20年	46956
平成24年	65456
平成28年	87928

出典：文部科学省2017を基に筆者作成

図表3-3　通級による指導を受けている児童生徒の推移

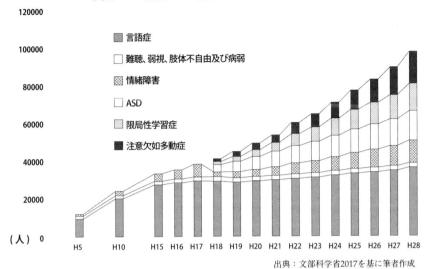

出典：文部科学省2017を基に筆者作成

る。発達障害は生後すぐに診断がつくことはない。集団の中で生活しているうちに発達の遅れや偏りがあることで発見されることが多い。園で集団生活を始めるこの時期に発見されることが多いため、保育者は発達障害についての知識を持ち、対応できる力を備えておかなければならないだろう。

2　医療的ケア児

　医療的ケア児とは、医療技術の進歩等を背景として、生まれてすぐにNICU（新生児集中治療室）に長期間入院した後、引き続き人工呼吸器や胃ろう等を使用し、たんの吸引や経管栄養などの医療的ケアが必要となった障害児のことである。医療的ケアの必要な子どもは年々増加傾向にある。それはこれまでは助かることがなかった子ども達が、医療が高度化し、救われるようになったからである。これは喜ばしいことだが一方で、助かったものの人工呼吸器等の医療的ケアに頼らざるを得なくなった子どももいる。

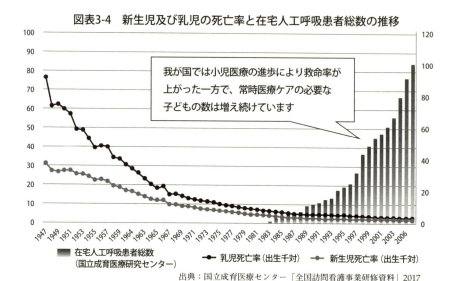

図表3-4 新生児及び乳児の死亡率と在宅人工呼吸患者総数の推移

出典：国立成育医療センター「全国訪問看護事業研修資料」2017

　図表3-4は、在宅人工呼吸患者の総数のみであり、その他の医療的ケアを受けている子どもを考慮に入れると更に多いことが予想できる。このような子どもの療育と保育機能を併せ持つ施設は少なく、在宅を余儀なくされてきたが、2016年には「障害を理由とする差別の解消の推進に関する法律（差別解消法）」が施行され、医療的ケアの必要な子どもも地域の保育所や幼稚園に通園できるようになった。しかし未だ現在、保育所に通う子どものうち、医療的ケアを受けている子どもは1.6％に留まっている［みずほ情報総研株式会社、2017］。医療的ケア児の入所を望む保護者は多いが、看護師の配置と加配保育士、そして必要なケアができる設備が必要とされ、未だ受け入れが困難である園が多く見られる。障害のために、通いたくとも通えないという現状はこれから考えていかねばならない大きな課題である。

3　住み慣れた地域で暮らす

　障害児がなぜ健常児ばかりいる保育所へ通おうとするのかと考える人もいるだろう。障害児のための施設があるではないかと。もちろん、障害に特化した療育も必要となるため、週3日は地域の保育所に通い、残りの日は児童発達支援センターへ通うといったケースもある。しかしそういった児童発達支援センター等は保育所に比べ数が少なく、地域から離れた場所にあることも多い。また就学後の特別支援学校は全国に1,125校しかなく、車やスクールバス等で通う児童生徒がほとんどである。そこに住んでいながら地域の人と関わることなく生きていく。そして地域の人々も、障害者とは自分達とは別の場所で生きていくものだと思い暮らしていく。

　こうして、障害児とその家族は、地域との繋がりが希薄になってしまう恐れがある。災害時において近隣とのつきあいが深かった障害者ほど早期に救援されていたことがわかっている［全国社会福祉協議会、1996］。

　地域の人々とのつながりを作り、障害を理解してもらうためにも子どものときから地域で暮らし、積極的に関わっていくことが大切だろう。地域の園に通うことで、少なくともその園に通う子どもや保護者に知ってもらうことができる。

　前章でも学んできたように、障害者はこれまで差別にあい、隔離されてきた歴史がある。これからは、障害があってもその子が生まれた地域で、地域の人と共に生きていけるような社会を目指していくべきだろう。障害者が地域の中にいることが自然で当たり前となる未来のために保育者としてできることを考えていきたい。

第2節 特別な支援を必要とする子ども

1 愛着障害と発達障害

　今、障害児保育において保育者に求められるものは発達障害や知的障害、身体障害など生まれながらにある障害を理解することだけではない。愛着障害という、後天的な障害がある。愛着障害とは、虐待や養育者との別離など原因は様々であるが、愛着をもつ対象を得られずに育ったことにより、対人関係において困難を示すようになる障害である。発達障害と愛着障害の特徴には類似する部分が多く、発達障害だと思っていたら実は愛着障害であったというケースも見られるようになっている。

2 発達障害と虐待

　また障害への対応の難しさが虐待を引き起こす可能性もある。ASDの子どもは相手の心を読み取ることが苦手なため、養育者との関係においてズレが生じやすい。児童福祉施設に入所してくる子どものうち障害があり、虐待を受けてくるケースが多いことからも、障害があることが虐待に繋がってしまうことも考えられる［山田, 2017］。発達障害であり、愛着障害でもあるという両者を併せ持つ子どももいる。

3 保護者支援

　虐待などの家庭での不適切な養育を防ぐためにも、保護者支援は大切である。言葉で叱ってもなかなか言うことを聞かないので手が出てしまう、しつけのつもりだった、という虐待は後を絶たない。特に、発達障害の子どもには、伝え方も工夫する必要がある。どのように伝えれば子どもに伝わるかなど子どもとの関わり方を保護者と一緒に考えていくことが大事である。これからの保育者は子どもだけを見ていれば良いわけ

ではなく、子どもを取り巻く人的環境をも支援していかなければならない。

4 外国人の子ども

就学前段階の外国人の子どもの数は増加しており、2009年の外国人登録者数は、0〜4歳児は67,831人、5〜9歳は64,073人であった（法務省、2009年）。地域により外国人園児の比率は異なり、多い地域では外国人園児が15%を超えている［宮崎：2016］外国人園児でまず課題に挙がることは言語である。言葉が通じないということは、集団で日常生活を送る上で様々な困難が生じてくる。園児との関わりだけではなく、保護者との関わりにおいても困難を生じる。連絡帳やお便りの内容が伝わらず、持ち物が揃わなかったり、日々の子どもの様子が伝わらない等の問題が起こる。また、宗教の違いから日本食が食べられなかったり、文化の違いから遊びや生活の中でトラブルが生じることもある。そして、このようなことは、ただ単に日本語を教え、日本の文化に馴染ませようとするだけでは、問題は解決しない。日本に定住せず、帰国する子どももいる。また、日本語ばかりの環境で母国語を忘れてしまい、母国語しか話せない両親と意思疎通が難しくなってしまうケースもある［林、2014］。言語や文化の違いを尊重し、それをその子の特性として捉え、その子どもに必要な支援をしていくことが重要である。

5 保育者として求められること

2007年に特殊教育から特別支援教育へと移行したことにより、支援が必要となった時点で支援が始まるようになった。これは、特別支援教育が支援対象を従来の障害だけではなく、特別な支援を必要とする子ども一人ひとりのニーズに対して行うという意味を有しているからである。特別な支援を必要としている子どもは障害だけに限ったことではない。その子どもが置かれている状況一つにより、支援が必要な子どもとなり得る。もし、日本の園に通っていた日本人の子どもが、ブラジルへ移住

したとする。その子どもはブラジルの園において言葉の意思疎通もできない状況に置かれるだろう。環境が変わるだけで、支援が必要な子どもになる。

　保育者は、障害児だから健常児だからと考えるのではなく、ひとりの子どもとして認め、この環境下ではどのような支援が必要とされているのか考えて保育していくことが求められるだろう。

【引用・参考文献】
厚生労働省「保育所における障害児の受け入れ状況について」『保育所における障害児保育の実施及び医療的ケア児の受入れの状況』2017年
文部科学省「平成28年度通級による指導実施状況調査結果について」2016年
国立成育医療研究センター「全国訪問看護事業研修資料」2017年
みずほ情報総研株式会社「保育所における障害児保育に関する報告書」2017年
社会福祉法人全国社会福祉協議会「障害のある人への災害支援　災害時の障害者援護に関する検討報告書」1996年
山田雄一「障害のある子どもの保育にかかわる現状と課題：個別的な保育から多様性(ダイバーシティ)に応じた保育へ」『川村学園女子大学研究28(3)』2017年
法務省「登録外国人統計表」2009年
宮崎元裕「日本における多文化保育の意義と課題―保育者の態度と知識に注目して―」『京都女子大学発達教育学部紀要(7)』2011年
林恵「群馬県大泉町における外国人児童の小学校留学の方法と就学義務化に向けた課題」『大泉保育福祉専門学校』2014年

　　　　　　　　　　　　　　　　　　　　　　　（近藤万里子）

# 第4章 これからの障害児保育を支える理念と形態

第1節 障害児保育の理念

　保育の現場では、さまざまな子どもたちと出会う。障害児保育とは、障害のある子どもを幼稚園や保育所などの就学前施設で受け入れ、一人ひとりに必要とされる援助や指導がなされる保育である。障害のない子を健常児ということに対して障害児と呼ぶが、いずれも"子ども"のことである。障害があるということは、心身の機能や状態の特性であると言える。保育者がその特性を受け止め、個々の違いを認め、障害の正しい理解に基づき、一人ひとりに適した生活や保育を組み立てて工夫をすることが求められている。

1 障害児保育の対象

　児童福祉法第4条第2項には「障害児とは、身体に障害のある児童、知的障害のある児童、精神に障害のある児童」と記されている。すなわち、肢体不自由、視覚障害、聴覚障害、言語障害、知的障害、自閉症の診断のされている子どもが対象であった。また、幼稚園では「特殊教育教育費補助」や保育所では「障害児保育事業」による保育者の加配、「心身障害児通園事業」「重症心身障害児通園事業」の範囲内での障害児保育がなされていた。

2 障害児保育の対象の広がり

　2003年に文部科学省から出された「今後の特別支援教育の在り方について（最終報告）」では、近年のノーマライゼーションの進展や障害の重度・重複化及び多様化の中で、障害のある児童生徒の視点に立って一人ひとりのニーズを把握して教育的支援を図る。つまり、障害のある子どもの教育について、障害の程度に応じて特別の場で指導を行う特殊教育から、障害のある幼児・児童・生徒一人ひとりの教育的ニーズに応じた適切な支援を行う特別支援教育に大きく転換した。特殊教育から特別支援教育への移行は通常のクラスで、幼児・児童・生徒の実態に応じて行われるようになり、発達障害の子どもたちも対象となった。特に自閉症スペクトラム、AD/HD、LD等の知的障害を伴わない発達障害の子どもについて広く認知されるようになり、保育や教育の現場からは支援の必要性の急務が挙げられた。さらに、近年は「気になる子」と言われる、特別な配慮を要する子どもが保育現場では増えている。具体的には次章で述べられるが、配慮を要する特性を有するが診断や障害の状態ではない子どもである。

　制度や定義から障害児保育の対象について述べたが、幼稚園や保育所にいる子どもの中には、早期から診断を受けて入園してくる子もいれば、入園してから障害がはっきりする子やそのような雰囲気を醸し出している子もいる。保育者は障害があるという診断の有無にかかわらず、普段の活動でつまずいたり、困っていたり、情緒が安定しない子がいたときに、その子の発達を理解し、必要としていることは何かを明確にして関わることが大切である。

第2節 障害児保育の場と形態

　発達障害者支援法第7条（文部科学省、平成16年）では、「保育の実施に当たっては、発達障害児の健全な発達が他の児童と共に生活することを通じて図られるよう適切な配慮をするものとする」と示されている。

　また、幼稚園教育要領第5章（1）障害のある幼児などへの指導（文部科学省、平成29年3月）では「障害のある幼児などへの指導に当たっては、集団の中で生活することを通して全体的な発達を促していくことに配慮し、特別支援学校などの助言又は援助を活用しつつ、個々の幼児の障害の状態などに応じた指導内容や指導方法の工夫を組織的かつ計画的におこなうものとする。」としている。

　保育所保育指針（厚生労働省、平成29年3月）第1章総則の3保育の計画及び評価（2）指導計画の作成キにおいては「一人一人の子どもの発達過程や障害の状態を把握し、適切な環境の下で、障害のある子どもが他の子どもとの生活を通して共に成長できるよう、〜略〜」と示している。これらはいずれも、他児と共に集団の中で生活することによって発達を促すことを強く示していることが理解できる。

　障害のある子の保育を行う場にはどのようなものがあるのだろう。

1　保育の場

　障害児保育を行う場と形態は以下のように大きく2つに分けられる（次々頁**図表4-1**）。

（1）分離保育（Segregation）

　分離保育とは、障害のある子どものみで集団を構成し、保育をする形態である。分離保育が行われる場としては、特別支援学校幼稚部や障害のある子どものための施設（児童発達支援センター等）である。障害のある子どもの専門的な発達支援を行う保育者や教師、児童指導員、作業療

法士（OT）、理学療法士（PT）、言語聴覚士（ST）などの専門職が支援に携わっている。また、施設・設備や教材・教具も用意されており、一人ひとりのニーズや実態に応じた細やかな支援が受けやすい。保護者にとっても、同じような障害のある子どもが集うため仲間づくりがしやすいことがメリットと言える。分離保育では、専門的な支援を受ける環境は整っており、支援者と親密な関係を作りやすいが、他児からの刺激を得にくいことや施設が数多くあるわけではないというデメリットが見られる。

(2) 統合保育（Integration）

統合保育とは、多くの幼稚園や保育所等で行われている形態である。

障害のない子どもの集団の中で、障害のある子どもも一緒に保育を受けるが、同じ場で保育活動を共にすることで、他児をモデルとして模倣に取り組んだり、たくさんの子どもや様々な大人の中で多くの刺激を受けたりする。

障害のある子どものコミュニケーションや社会性等が育めることや一緒に経験することで大きな成長が望める。また、障害のない子どもにとっては、障害のありのままを知り、障害児に対する理解や思いやりの気持ちや態度を育み、インクルーシブな保育への架け橋となる。しかし、メリットばかりではない。全ての障害のある子どもが統合保育へ参加できる訳ではなく、集団活動や通園が可能な子どもが主になり、重度・重複の子どもは参加出来ないことが多い。また集団生活に不適応を起こす子もいる。保育者の障害に対するより正しい知識と専門性、支援の方法、一人ひとりへの配慮が生かせるプログラムを工夫する必要がある。

(3) 交流保育・部分保育（並行通園）

分離保育と統合保育の組み合わせた形態である。

交流保育とは、例えば盲学校幼稚部と近隣の幼稚園、聾学校幼稚部と保育所等が定期的あるいは継続的に通常の保育に参加し交流する形態である。イベント的な交流では活動の見通しや支援が難しいので、計画的に双方がじっくり取り組む必要がある。原子［2017］の聾学校幼稚部と近

隣F保育所の3年間の交流保育の調査では、回数が多く関わる機会が保障され、同じクラスで交流した場合に幼稚部の子どもからの発信行動が非常に増えた。保育園児の応答行動においても、コミュニケーションの手段や方法を経験し身に付けることができ、保育者の仲立ちがなくても小グループでのゲームが可能であることが確認された。

部分保育（並行通園）は、療育を受けながら可能な活動や保育に参加する形態である。子どもによっては週2回、午後からなど様々であるが、受け入れ園や連携機関との打ち合わせが大切である。

保育の場や形態はそれぞれに特長があるので、障害のある子どもと保護者のニーズや実態に合わせて活用することが望まれる。

図表4-1　分離保育と統合保育のメリットとデメリット

	分離保育（セグリゲーション）	統合保育（インテグレーション）
メリット	・専門職員や障害児保育の経験者によって専門的に行われる。 ・施設、設備が整っているため、発達や障害の程度に応じた指導や援助ができる。 ・専門病院や関連施設との連携が比較的容易である。	・障害のある子どもとない子どもとが区別や差別されることなく共に生活し、保育できる。 ・障害のない子どもとの交流によって望ましい発達環境や影響が得られる。 ・子どもの生活経験の拡大とともに、保護者自身の生活経験も広がる。 ・近隣の園に通えるので、地域の中での園生活を円滑に送ることができる。
デメリット	・子どもたちどうしの遊びやコミュニケーションが不十分になりがちである。 ・施設数が少ないために近隣にあるとは限らず、通園が困難な場合がある。 ・障害児が保護や訓練の対象とみなされてしまうことがあり、地域社会において、障害のある子どもやその家族が孤立してしまう原因になる。	・専門的な知識や経験を持つ保育士の数が少なく、子どもの関わりが不十分になる場合がある。 ・子どもにとって適切な施設、設備、教材・教具などが整っていない可能性がある。 ・ある程度の集団保育、集団生活が可能である必要がある。

出典：矢野正、一藝社『保育者養成シリーズ障害児保育』2015年

第3節　障害児保育の方向性

障害児に関わる法規等の改正により、発達障害のある子どもや「気になる行動」のある子ども等、障害児保育を必要とする子どもは、今後増えていくと考えられる（**次頁図表4-2**）。

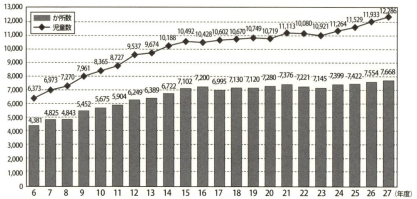

図表4-2　障害児保育の実施状況推移

注：児童数は、特別児童扶養手当支給対象児童数
資料：厚生労働省

出典：内閣府「平成29年版障害者白書」

1　インクルーシブな保育とは

　障害児保育を実践する上で理解しておかなければならない理念や考え方を示し、障害児保育のこれからの方向性を考える。

(1) ノーマライゼーション

　ノーマライゼーションとは、1950年代にデンマークのバンク・ミケルセン（Bank-Mikkelsen,N.E. 1919～1990）が劣悪な環境に収容されている障害者に接し、「知的障害の人々もノーマルに生活をできるように」と提唱したことに発する。それは、障害があるという理由で社会から隔離や排除されることなく、障害のない人が普通に生活している状態と同じに生活できることを目指したものであった。その後、スウェーデンのニィリエ（Nirje,B. 1924～2006）はノーマライゼーションの考えを制度化し、知的障害児・者がノーマルな社会生活を送るための8つの原則を提唱し、世界に広めた。

　現在では、「バリアフリー」や「ユニバーサル・デザイン」として様々な分野でノーマライゼーションの理念が取り入れられている。

(2) インテグレーション

インテグレーションはもともと、分離されていた障害のある子どもを障害のない子どもたちに合流させて一緒に保育や教育をしようとするもので、障害のない子どもの活動や課題を、障害のある子どもも同じように行うことであった。そのため、障害のない子どもに合わせた環境に無理に適応させられたり、適切な保育環境が用意されたりしないまま、保育の場だけは統合されていたので"場を共有する"統合保育とも言われた。そこでは障害のある子どものニーズを満たせないまま進められることも多く課題であった。

(3) インクルージョン

インテグレーションに代わる理念として、1980年代以降に米国で注目されてきた考え方で、"包み込む・包含"という意味のインクルージョンである。障害のある人にとどまらず、人間の尊厳に対する社会の変革を目指す新しい理念である。人間を人種や民族、宗教、性別などの違いで区別や差別することなく、異なる人を社会の中に包み込んで共に生きるということである。教育・保育で言えば、子どもはどの子も一人ひとりに違いがあることが当たり前であり、だからこそ、その違いによって分け隔てせず、すべての一人ひとりの子どもにあるニーズに応じた援助を保障するという考え方である。

このような理念は、「サラマンカ宣言」として提唱された。その後、2006年に「障害者権利条約」においては、インクルーシブ教育制度と合理的な配慮の提供について示された。

わが国では、2008年に学校教育法の改正により、特別支援教育が開始され、インクルーシブ教育、保育を目指しているが、課題も見られる。しかし、保育者が一番に考えるべきことは障害があることではなく"Children First"であり、子どもの最善の利益を考えることである。これからは、障害のある子どもと障害のない子どもが共に遊び、活動し生活するインクルーシブな保育のデザインを構築することが求められる。

2　共生社会に向けて

　ノーマライゼーションの理念を基に、インクルーシブ保育を目指し保育者は歩み出しているが、毎日の現場ではどうであろうか。鯨岡峻（1943～）は、「保育者に子どもが『気になる』と映るとき、保育者の側にはおのずから負の感情が動いている」と述べている。ネガティブでステレオタイプな感情は偏見や差別へとつながってしまう。それをなくすためには、その子どもをよく理解することである。ある保育者は「小さい時から障害のある子どもと一緒に過ごし活動する経験をしていると、周囲の保育者や大人から知らず知らずのうちに、一人ひとりみんな違うということや特性、対応を覚え、自然にサポートすることを理解できるようになっている」と話す。また、島本一男（1953～）は"多様性"という発想を障害のある子どもの理解に当てている。つまり、多様性を意識して進めると「感情的な捉え方が減り、より深くて広い視点で子どもを考えられ、子ども一人ひとりの違いを当たり前のものとして考えられるようになる」と述べている。インクルーシブな保育において大切な視点と考える。

　共生社会とは一人ひとりの違いが当たり前であるという価値観や、障害のある人もない人も互いに、その人らしさを認め合いながら共に生きる社会である。保育や教育にも当てはまることであり、そのために必要とされる多様な配慮（合理的配慮）が今後も求められる。

【引用・参考文献】
鯨岡峻、島本一男『発達149』ミネルヴァ書房、2017年
徳田克巳・水野智美編著『障害理解－心のバリアフリーの理論と実践』、誠信書房、2005年
林邦雄・谷田貝公昭監修、青木豊編著『保育者養成シリーズ　障害児保育』一藝社、2015年

（原子はるみ）

第5章 「気になる子ども」の理解と支援

第1節 「気になる子ども」とは

1 保育者にとっての気になる子ども

(1) 保育の現場における「気になる子ども」

「気になる子ども」というのは、保育用語でも心理学の用語でもない。では、日々の保育の中で保育者は、どのような子どもを「気になる」と捉えているのだろう。

「障害児ではなく気にすること自体がよいかどうかもわからないが、ちょっと気になる子どもがいる」という現場保育者の声を耳にする。斎藤ら［2008］の調査では、96.6％の保育者（保育所および認定こども園）が「気になる子ども」を保育した経験があるという。気になる内容は、発達面で心配がある、コミュニケーションの問題、集団場面で落ち着かない、乱暴な言動が多い、かんしゃくを起こしやすい、対人関係で気になる様子がみられる等が挙げられる。乳幼児期は発達差が著しく、個人差の範囲かそれを越えた問題が潜むのか、環境の影響によるものか等の判断が難しい場合もある。しかし、保育者は子どもたちと日々生活を共にする中で、「気になる子ども」の存在を明らかに意識しているのである。

「気になる子ども」の中には、本人の様子に加え、家庭環境が気がかりで、家族との連携に困難を感じる場合もある。近年は、ひとり親や複雑な家族関係の家庭が増加したことによる子どもへの影響、外国籍その他様々な事情で言葉や文化の多様性に配慮が必要な子ども、虐待が懸念

されるケースなど、子どもを取り巻く環境も含めて、保育の現場における「気になる子ども」は少なくないのが現状である。

(2) 「気になる子ども」と障害児

既に乳幼児期に、障害があることが明らかになっている子どもたちがいる。障害児や特別なニーズをもつ子どもは、保育の中で特別な支援が必要であり、発達上の弱さやアンバランスさ等、子どもの側に問題状況の源を想定して、その対応を考えやすい。

しかし、保育は環境を通して行われ、保育における子どもの問題は、周囲との関係性の中で日々変化する。その意味で、「気になる子ども」とは、障害児や、障害児というほどではないが保育者が気がかりな子ども、更には定型発達している子どもも含め、全ての子どもたちがその対象となり得る。実際には、対応の見通しがもちやすい障害児以外の気がかりな子どもを「気になる子ども」と表現することが多い。

(3) 「気になる子ども」と保育者の願い

保育者には、一人ひとりの子どもの特性を超えて、子どもの育ちを保障したい、信じたい、支えたいという願いがある。保育において、保育者自身が何を大切にするかにより、子どもの捉え方が変わってくる。「気になる子ども」の捉え方と対応には、より一層その傾向が表れやすい。

例えば、集団保育の場面で、他児と一緒に外遊びをしないAくんに対し、今後を心配し現在の指導を徹底しようとする保育者は、「一人遊びを許していると、いつまでたっても一緒に遊べなくなる」と考えるかもしれない。園におけるルールに目を向け集団の秩序を理解してほしい保育者は、「みんなと一緒にいられないAくんの態度を改めたい」と考え、子ども同士の関係性を深めたい保育者は、「クラスみんなで楽しく一緒に遊ぶ経験ができないAくんをどうにかしたい」と考える場合もある。そして、子どもに対して、保育者自身の願いが反映された具体的援助を行う。

ところが、なかなかうまくいかず、度々不安やとまどいを感じる場合

に、その対象児が、保育者にとっての「気になる子ども」になってくる。

(4) 「気になる子ども」と保育者の成長

「気になる子ども」の保育は、保育者を悩ませたり、混乱させたり、疲れさせたりすることもある。神長［2005］は、「気になる子ども」を担任する保育者は、その対応やクラスのまとまりのなさを自らの保育実践力の低さとして捉え、自信喪失となるケースがあることを指摘している。その一方で、障害のある子どもや気になる子どもの保育、更にその周りの子どもたちを含めた保育の取り組みを行うことは、保育者に自らの保育のふりかえり（省察）と、よりよい保育への積極的な取り組みを促し、保育者を成長させるチャンスになるのである。

2 「気になる子ども」の理解

(1) わがままなのか、障害なのか

ある子どもの言動が、その子どもの性格からきているのか、障害ゆえの言動なのかを知りたいという保育者が多い。その子にとって間違いのない対応をしたいという思いからであろう。しかし、この問いに簡潔に答えることは難しい。

例えば、クラスのみんなで一斉に外遊びをする際、Aくんが一人だけ「恐竜図鑑を読みたい」と言って部屋に戻ってしまったら、その行動はどう評価されるだろうか。「ちゃんと自己主張できてえらい」と褒める人もいれば、「みんなと一緒に遊べないなんて、随分わがままだね」と不快に感じる人や、「Aくんは自閉症の傾向がみられる。自閉症は集団で遊ぶのが苦手で、興味の範囲が狭いのだから仕方がない」と言う人もいる。

しかし、障害があってもなくても、子どもでもおとなでも、人は自分なりの自己主張をし、時にわがままな様子を示す。性格と障害は、どちらかを一つだけ選択することはできないし、保育に予め正解を求めることもできないのである。

(2) 「気になる子ども」への気づき

　乳児期の発達は特に柔軟な変容を見せ、諸側面の関連も強いことから、必ずしも障害がなくても、あるいは障害が認定される以前に、子どもが何らかの困難を抱えている場合は少なくない。更に、その後の幼児期の発達の流れの中で課題が解消されたり、子ども自身が困難を乗り越えたりする場合もあれば、逆に、困難や障害が次への発達を阻害し、問題が広がったり深くなったりすることもある。

　保育者は、子どもへの対応において、基本的な発達の特徴を踏まえ、目の前の個々の子どもの発達の在り方を考慮して、適切な援助を模索する。その際の保育者としての子どもを見る意識の違いや子どもを捉える力量が、「気になる子ども」の気づきと理解に大きく関わってくるのである。

(3) 「気になる子ども」の理解のポイント

　①「気になる」言動の理由をよく知る：本人の様子をよく観察するのはもちろんのこと、何が起きているか、どういう状況で起きるか、前後にどのような事が起きているかという現象をしっかり確認することで、状況を上手に説明できない「気になる子ども」の言動の理由が見えてくる。自分だけで判断せず、多角的に情報を得るとよい。他の保育者の観察や視点から学び、保護者から日頃の様子をうかがうことも大切である。

　②「気になる子ども」の気持ちに近づく：個性を大切にする態度や障害などに関する知識をもった上で、日々試行錯誤しながら、一人ひとりの子どもの気持ちに近づく努力を続けることが重要になる。その結果として、「今、イライラしてみんなと合わせるのが難しそうだから、少し様子見守ってからもう一度誘ってみよう」とか、「そろそろAくんの興味の範囲を広げたい、今日は工夫して一緒に外に連れ出そう」など、具体的な働きかけの方向性が定まってくる。

　③できていることやその子なりの適応的状態に注目する：気になる点だけでなく、「気になる子ども」が今できていることや気になる言動をしていないときの様子、本人なりに集団内で適応できている状況など、

適応的な状態を捉える癖をつけよう。それが、今後の援助の目標や具体的な対応の手立てを考えるヒントにつながる。

　④本人なりの興味関心、ルールやペースを理解する：「気になる子ども」は、周囲にうまく合わせられない場面が多い。それは、興味の範囲が狭く行動の動機づけができなかったり、わがままでなく本人にとっては成育歴の中で身につけた当たり前の行動であったり、自分なりのルールやペースを崩せないためであったりする。保育者が子どもの興味関心やペース等を捉えて保育に活かすことで、行動がスムーズに行える場合がある。

　⑤気になる言動が生じる際の環境に注目する：気になる言動の現象だけでなく、状況、時間帯、環境（天気、気温や湿度、曜日、音、におい、光等）、人（人物や年齢・性別・態度……）、方法（関わり方・ことば掛け・順序等）など、そのときの環境を掘り下げ、共通点を探ってみよう。必要な配慮や環境改善のヒントが見つかることが多い。

　⑥成長発達を流れで捉える：対象となる子どもの現状だけに注目せず、子どもの発達を連続的・客観的に捉えることで、具体的な援助の道筋が見えやすくなると共に、長期的な見通しをもった援助につながる。

第2節　「気になる子ども」への対応

1　子どもの観察・記録

(1)　**子どもをじっくり観察し、記録する**
　保育に気がかりを感じている場合、記録をつけることまで手が回らないと思うものだが、そういうときほど、保育記録が改善の手がかりを与えてくれることが多い。まずは、子どもをじっくり観察し、必要以上に手間をかけなくてもよいので、気づきをメモする習慣から始めてみよう。

(2) **観察のポイントを絞る**

 "特に気になる姿"や"注目する点"は、更に焦点を絞って観察・記録をする。あれもこれも記録しようとすると、どこを見たらよいのかわからず、焦点がぼやけてしまう。労力がかかり過ぎて途中で挫折する要因にもなる。"一番気になっていることや困っていること"の一点に絞り、ある程度の期間をとって書き続けるとよい。

2 日常生活における対応のポイント

 集団保育の場において、それぞれの子どもに対する個別の援助課題と共に、発達の著しい乳幼児期におけるクラス年齢ごとの保育課題を押さえて対応することが大切になる。

 0歳児クラス：この時期においては、情緒的安定を図ること、人との交流への関心を育てること、運動発達への支援が、特に重要になる。

 1歳児クラス：関心の持続、落ち着きのなさへの対応、ことばの育ちの基礎を支えること、他児との関係をつなぐことが大切になる。

 2歳児クラス：乱暴や落ち着きのなさへの対応、他児との関係を育てることや、ことばのやり取りへの興味をうながすことなどがある。

 3歳児クラス：クラス活動が増える3歳児は、言葉による指示が理解できないことによる落ち着きのなさや、友だちとのやり取りに参加できない姿が目立ち始め、ことばのやり取りを育てること、友達との関係を育てることが課題になりやすい。

 4歳児クラス：子どもたちが集団で遊びを楽しむようになり、ことばのやり取りを育てることに加え、ルールに気づけるようにすることや、他児を巻き込む問題への対応が課題となってくる。

 5歳児クラス：就学への移行を視野に入れつつ、クラス集団としてのルールを乱すような行動が問題になりやすい。落ち着きのなさや乱暴などへの対応、ルールを守れないことへの対応などが課題となるだろう。

 更に、どの年齢クラスにおいても、「気になる子ども」の保育全般にお

いて、家族支援について継続的に取り組むことが重要なポイントである。

3　園行事における支援

多くの子どもにとって貴重な経験となる行事が、新しい出来事や見通しがもてず混乱しやすい「気になる子ども」には、辛い体験になることがある。見通しがもちやすいよう、①どこで何をするのか、②誰と一緒か、③困ったときどうするか等について、具体的に伝えておくとよい。

4　入園・転園時の受け入れや小学校との接続期における支援

ある程度「気になる」様子があることがわかって入園してくる子どもについては、事前面談で細かく様子を聞く。慣れないうちは子どもも親も不安なので、対応の仕方で特に注意が必要な事柄を全職員で共有し、保育者の不用意な関わりで子どもが戸惑うことがないように配慮する。

小学校入学に向けた丁寧な連携も重要である。子どもと保護者には、強い不安や過剰な期待でなく余裕をもって準備できるよう援助する。

第3節　「気になる子ども」の保護者理解と対応

1　保護者の不安と傷つき

「気になる子ども」の保護者は、表面的な態度はどうであれ、自分の子育てに自信をもてない、子育てに余裕がない、子育てに向かい合えずにいるなどの辛い状況にあることが多い。その辛さを親自身が自覚している場合もあれば、無自覚なままであることも珍しくない。

そのような保護者に向かって保育者が、もっとこうしてほしい、お子さんにこういう対応をしましょうなど指導や助言をすると、受け入れられにくいことがある。場合によっては、保護者との関係が悪化すること

も生じる。特に、たとえ子どもの担任であっても、子育て経験がなく保護者より年下だったり保育経験が浅かったりする保育者からの助言は、保護者からすると、プライドが傷つき、子育てを否定されたと感じやすく配慮が必要である。

2　「気になる子ども」の保護者対応における留意点

「気になる子ども」の保護者には、まずは子育てに余裕をもち、親としての自己効力感を高めてもらえるような関わりが大切になる。

具体的には、専門家としてアドバイスする形よりも、送迎時などの短い時間の中でも、対象となる保護者の子どもへの対応のプラス面に着目しつつ、「Bちゃん、いいなぁ、お母さんに優しく抱っこしてもらって」などと、子どもの様子を通した伝え方を工夫してみるとよい。また、保育者が保護者より上手に対応できることを示すより、「お母さん、今日はついBくんをひどく叱ってしまいました、ごめんなさい」など、保護者と子どもとの間で起こりがちな場面を再現するようなつもりで、逆に相談を持ちかけてみることもできるだろう。このようなやり取りの中で、保護者の警戒心が解け、保育者と保護者が支え合う関係が芽生えてくると、保護者の方から悩みを打ち明けてくれることもある。その場合も、責めずに徹底して聞き続ける傾聴の姿勢が欠かせない。その上で、「私に何ができるでしょうか」という協力者としてのメッセージを送り続けることが大切である。

【引用・参考文献】

斎藤愛子、中津郁子、粟飯原良造「保育所における「気になる」子どもの保護者支援―保育者への質問紙調査より―」小児保健研究第67巻第6号、861 ― 866頁、2008年

無藤隆・神長美津子・柘植雅義・河村久編著『「気になる子」の保育と就学支援―幼児期におけるLD・ADHD・高機能自閉症等の指導』東洋館出版、2005年

（土沢　薫）

第6章 肢体不自由児の理解と支援

第1節 肢体不自由のある子どもとは

1 肢体不自由のある子どもとは

　肢体不自由のある子どもたちは、運動の制限やコミュニケーションなどさまざまな場面で困難を抱え、地域の幼稚園・保育所での保育は難しいと考えられがちであるが、今では、医療的なケアが必要な重度な子どもたちも含めて、インクルーシブな保育実践として幼稚園・保育所で子どもらしい生活を送っている。

　肢体不自由のある子どもたちには、脳性まひのように入園前から障害が明らかで、すでに医療機関等で療育を受けている子どももいれば、軽度な協調性運動障害のように、入園後に保育の中で気づかれることもある。いずれも、保育者の適切であり専門的な配慮が求められているが、コメディカルスタッフ等の連携とともに豊かな実践が積み重ねられ、健やかな発達が支援されることが重要である。

(1) 肢体不自由があるとは

　肢体不自由とは、上肢（手と腕）、体幹（胴体）の機能に永続的な障害があり運動や動作に不自由がある状態を指す。中枢神経系の障害に原因があることが多く、軽いまひの状態から重度心身障害の状態まで多岐にわたる。

　肢体不自由を引き起こす主な原因は様々であるが、外傷性の疾患のほかに、中枢神経系、末梢神経系、骨や関節、筋肉などの疾患によるもの

がある。幼児期の主な障害に、脳性まひ、二分脊椎(にぶんせきつい)、筋ジストロフィー、先天性股関節脱臼などである。多数を占める脳性まひは、脳に損傷を受けた部位によって、全身に硬直が見られる痙直型(けいちょく)、不随意運動を伴うアテトーゼ型、両者の特徴がある混合型に分類される。いずれも筋緊張の緩和や姿勢の保持など適切な配慮が必要である。

　ここでは主に脳性まひの子どもの行動特徴と困難さ、およびそれに対する配慮について見てみる。

(2) 姿勢・移動・粗大運動における困難さと配慮

　脳性まひの子どもは、姿勢反射・反応や平衡機能のコントロールが困難なことが多く、そのため座位や立位など姿勢の保持を適切に持続することが困難となる。運動発達の中では、寝返りや四つ這いなど体位をバランスよく変換することも難しさがあり、移動の制限も起きやすくなる。まひの症状として、下肢やつま先の緊張が強くなる尖足(せんそく)が見られる子どももいる。椅子の座り方によっては、体全身に過剰な筋緊張の亢進が起こることもある。コメディカルスタッフの理学療法士と連携し、一人ひとりの子どもの運動アセスメントを行い、保育の中でできる療育アプローチを取り入れることが大事である。例えば、毎朝の下肢のストレッチをして関節の拘縮が起こらないように関節の制限域を大きく保つこと、足裏を過剰に刺激しない椅子の座り方、バランスを崩したときのパラシュート反応を援助することなどである。こうした毎日の積み重ねが、子どもたちの適切な姿勢保持や多様な姿勢変換、筋緊張の緩和につながる。

(3) 手指操作・微細運動における困難さと配慮

　手指や上肢にまひがあると、手や腕全体を大きく動かす動作や、より協応性が必要な細かな手指の操作が困難になり、食事や着替え、遊びなど生活上の様々なことに制限が起きてくる。失敗経験が多くなることもある。しかし一人ひとりには、得意な手指の動かし方と苦手な動かし方があり、得意な動きをじょうずに使って、子どもの達成感を伸ばしていくのが保育の役割である。特に気をつけておきたいのが、手指操作を安

定して行うためには、適切な座位が保持されることである。専門的な療育を保育に生かすためにも、コメディカルスタッフの作業療法士と連携し、手指アセスメントをもとに一人ひとりにあった配慮を行うことが大事である。

(4) 構音機能・口腔機能に関する困難さと配慮

　脳性まひがある場合、口や唇、舌が動きにくくなることや、音を作るための構音機能の障害が起こることがある。口腔機能の問題により咀嚼や嚥下（飲み込み）が困難になり、食べる機能にも影響を与える。特に嚥下に障害があると、誤嚥で肺炎を起こすなど健康面でのきめこまかな配慮が必要になる。また明瞭な発音が難しくなり、コミュニケーションに制限が起こることもあるが、音の特徴に慣れると保育者や周りの友だちも言葉を理解できるようになり支障がなくなることも少なくない。楽しい会話があるからしゃべりたくなる、それによって構音機能の発達がさらに促される。

(5) 空間認知等の認知上の機能の制限と配慮

　脳性まひの特徴として、空間認知等の認知上の問題がある場合もある。上下左右、奥行きなどの位置関係の理解が難しい、ものに腕を伸ばすときに位置がずれてしまう、自分のロッカーなど位置を覚えにくい、などである。まひにより自分の体を思うように動かすことができにくく、環境に主体的に働きかける経験が少ないことが関与している。ロッカーなどを手の届きやすい位置にする、シールなどを目立たせてリーチのポイントをわかりやすくするなど、子どもが自ら成功体験を確かめられるような環境調整の工夫が大事になってくる。

(6) 「子どもらしい生活」と自尊感情の育ちの配慮

　幼稚園・保育所という場は、笑顔で生き生きと園庭を駆け回り、やってみたい好奇心を全開させて遊ぶのに最適な場であるが、肢体不自由や運動制限がある子どもたちにとっては、友だちとの違いと直面する場でもある。ふだんから介助されることが多く、受け身で依存的な態度につ

ながることもある。やってみたけれど失敗してしまう経験や、友だちができることなのに自分はできないという現実感や無力感も起こる。特に年長になり他者認知が発達する時期になると、「できない自分」という自己認知が自己肯定感をさらに低下させ、その後の学習意欲などに影響することもある。どんな子どもでも、「自分には得意なことがある」という自尊感情の育ちが大事である。運動の制限を受けがちな子どもたちにこそ、自己肯定感を高めるような取り組みや、積極的に環境と関わり豊かな体験を育むための保育が求められている。

第2節　肢体不自由のある子どもと保育実践

1　園の生活と保育実践－事例を通して

(1)　設定あそびの中での工夫と配慮：脳性まひのAちゃん

　手指にまひのあるAちゃんにとって、お絵かきや紙細工は苦手なことが多い時間である。ハサミの使い方やクレヨンの握り方が気になるけれど、どんどん新しいものを作りだせる楽しさはみんなと同じ。苦手が多いときは、保育者の手助けをたくさん借りて遊べばいい。「これ、手伝って」と言えることがもっと大事。Aちゃんにとっては、作れる喜びがあるから体を動かす楽しさにつながっている。毎日、体をたくさん動かす経験があるから、まひの療育アプローチにもなっている。

　設定あそびのときは、手指動作や巧緻性が十分発揮できるよう、適切な座位の保持に配慮することが大事である。体幹が傾いているままに手指操作を続けると、筋緊張の亢進が起きてしまうからである。また、使いにくいハサミなども余計な筋緊張を引き起こす。使いやすく工夫されたハサミやすべり止めシートなどを活用して、Aちゃんが自分から能動的に設定あそびに乗り出せるよう環境調整をする。同時に、作業療法士

との連携により、体幹の左右差などを比較したり、手指や腕機能のアセスメントを行い、療育的な配慮ができるよう観察することも大事である。

(2) **自由あそびの場面：筋ジストロフィー症のBちゃん**

朝や自由時間でのあそびの場面では、筋ジストロフィー症のBちゃんがどんな活動が好きか、どんな体の使い方をするかなど粗大運動のようすを知ることができる時間である。Bちゃんは入園後に、他の子どもたちと比較して「転びやすい」「ぎこちない歩き方」などをきっかけに運動障害に気づかれた。筋ジストロフィー症は、筋繊維の萎縮を主症状とし運動障害を引き起こし、徐々に進行することを特徴としている。Bちゃんも、年齢が進むにつれ、以前よりもかけっこが苦手で転びやすくなり、このごろは園庭でも地面に座って遊び、他の子どもたちを眺めることが多くなった。

こうしたとき保育者は、Bちゃんの体への負担が多くならないようバギーを活用するなど配慮しながらも、友だちといっしょに風を楽しんだり、知的好奇心を満たすような能動的な体の動かし方を演出したりと、援助されながらも関われる喜びを充実させるようにしていくことが大事である。

(3) **仲間との「子どもらしい絆」をつくる：二分脊椎のCちゃん**

Cちゃんは活発でよく笑う年長組の女の子である。来年の4月、友達と同じ近所の小学校に通うことが決まっている。二分脊椎とは、脊髄の形成において先天性な奇形が生じたため、神経系の障害により、下肢まひや排泄機能の制限が起こる障害である。両下肢まひがあるので、移動は両肘を使ってずり這いをしながら、友だちを追いかける。キラキラした笑顔で友だちにしがみつき大笑いをする。給食も残さずたくさん食べる。Cちゃんを見ていると、運動障害のある子に見られがちな「子どもらしさの制限」を感じない。

Cちゃんの就学支援に関わった特別支援学級のある教師がこうつぶやいた「Cちゃんはぜひ通常学級で育ち、障害のあるなしに関わらず、互

いに人間の価値を感じあえるような友情をたくさん経験してほしい。いずれ国際的な場に立ち、一人の女性としての生きざまを世界に伝える役割を担ってほしい。そんな園生活に感謝するし、期待したい」。Cちゃんもこれから小学校に通いながら、友だちと自分との共通性と違いに気づき、いつか葛藤を感じる時期がくる。そのためにもこうして屈託なく「子どもらしい」幼児期を過ごすことはその後の学齢期・思春期の「たくましいこころ」の基礎をつくる重要な機会となる。

第3節 幼稚園・保育所の役割は何か

1 肢体不自由のある子どもへの支援と新しい「自立観」

　肢体不自由のある子どもは姿勢や移動能力だけでなく、認知やコミュニケーションの困難さや自己肯定感の育ちなど発達上の多様な課題があり、発達全般の視点からの支援が重要である。特に、「支援を受けながらも、自分で選び、主体的に生きる」という新しい自立観が、これからの時代を生きる子どもたちの育ちには欠かせない。支援を受けることで育まれた自尊感情に支えられ、自分に必要な援助を選び取る経験をたくさんし、そのうえで、主体的にやりたいことをやり遂げようとする態度や、それを生かすための意欲やスキルが獲得できる。その土台作りをしていくのが園生活の役割である。

2 基本的生活習慣を育てるための支援

　こうした新しい「自立」を目指すためにも、毎日繰り返される食事、排泄、着替えなどでできる保育の工夫とはなにかを考えてみる。まずは、子ども一人ひとりのアセスメントと個別の保育・支援計画を立ててみる。食事や排泄など、一人ひとりの子どもがそれぞれにできることをスモー

ルステップで分析し、少しずつ手伝いながら増やしていくこと。スプーンやひも、ロッカーなど、教材や環境の工夫をしてみる。これに加えて、障害の状態に応じて、自分ひとりでできることと介助や配慮があればできることが自分でわかること、さらに、自分に必要な援助や介助を保育者や周囲に求めることができるようになること、などを発達の目標に設定してみることも大事である。こうした取り組みは、保育者にとって新しい実践を作ることにつながる。

3 人と関わることを楽しむ力、コミュニケーション力を育てるための支援

まひのためにコミュニケーションの制限が起きやすい。だからこそ、人と関わることを楽しむ力やコミュニケーション力は、肢体不自由のある子どもの自立につながる大事な力である。VOCA（Voice Output Communication Aids）をはじめ、今では、ＩＣＴを活用したコミュニケーション代替機器が、保育や教育の実践の中で利用されている。アプリを使いながら、汎用性のある絵カードや写真、文字カードがその場で使えるので、子どもの可能な運動機能を使って、例えば、指差しでポインティングしたり、目で追いかけるだけでも、意思表示の補助が容易にできるようになっている。このように子どもがやりやすい方法を活用することにより、より主体的に人に関わり、楽しさを伝えあう体験をたくさんさせていきたい。

4 子どものストレグスを生かし、自己肯定感を育む保育の実践

どんな子どもであっても、得意な力を発揮し何かを達成し周りから認められる経験は大切である。自尊感情を育み、自己肯定感を高めるからである。あそびや活動に制限がある肢体不自由の子どもたちにとっては、特に、幼児期のこうした育ちがその後の小学校生活など将来にわたる原動力にもなっていく。

こうした育ちの重要性は、ストレグスモデルと言われている。病気や

障害による「できないこと」に焦点を当てるのではなく、子どもの長所や強みにアプローチして「できること」を大切にする支援である。苦手な場面であっても、得意な力を生かして取り組める設定をするなど、より意欲的になれる環境を作りだすことが保育の役割である。また、レジリエンス（心の弾性、回復力）にも注目したい。失敗経験など困難な状況にあっても、修復し適応できる力とされる。その育ちには、内面共有性（悩みを話すなど）、活動実効性（失敗してもあきらめずにもう一度挑戦する）、楽観性（困ったことが起きても良い方向性に持っていく）、周囲から援助されている、という経験が大事とされる。障害のある子どもの保育でこそ、生かしていきたい実践である。

5　療育的アプローチを保育に生かす－専門機関や保護者との連携

　肢体不自由のある子の保育にとっては、療育的アプローチや医療機関との連携が欠かせない。まひによって併発する拘縮や変形等を予防すること、毎日の保育における姿勢保持や移動・操作などの動作全般にわたる援助方法を適切に行うこと、生活上の安全確保の方法を配慮すること、子どもによっては、てんかんなどへの対応や、毎朝のバイタルチェックのような健康管理上の配慮事項など、多岐にわたる専門情報が必要となるからである。脳性まひのような場合、早期に障害に気づかれ治療を開始していることが多く、長期にわたる子どものアセスメント情報や障害特性の変化、日常の配慮事項などを多面的に把握している。医師や看護師だけでなく、コメディカルスタッフである理学療法士、作業療法士、言語聴覚士などとの連携を通して、療育的アプローチを保育実践に生かす工夫を進めていきたい。コメディカルスタッフとの日常の協力関係は、保育者が専門的なアドバイスを受けるだけでなく、保育の視点から子どもの情報を伝え合うことも重要な取り組みである。

（堀江まゆみ）

第7章 視覚障害児・聴覚障害児の理解と支援

第1節 視覚障害児・聴覚障害児の理解

1 視覚障害児の理解

　視覚障害は、盲と弱視に分類される。盲とは、全く見えない状態あるいは光や明暗は見える状態をいう。そのため、触覚や聴覚を通して生活を行うようになる。視覚障害者の生活を支えるものに点字や白杖を思い浮かべる人も多いと思うが、幼児期は文字の獲得や歩行状態も未分化のため、就学後に導入するための学習を行うことになる。幼児期は、遊びや様々な体験活動を通して物の触り方や見分け方を覚えるための支援や、身近な大人とのコミュニケーションを通して、言語や認知の獲得に向けた支援が必要である。弱視とは、視力の弱い状態で、眼鏡等の矯正器具を用いても日常生活で見えにくい状態をいう。香川［2010］によると、弱視児の見え方は7分類あることが報告されている。弱視児の理解のためには、その子どもがどのような見え方をしているか把握することが基本となる。

　幼稚園・保育所等の幼児期の発達支援の場では、視覚障害児の理解のためにどんなことを把握しておいたらよいだろうか。次頁**図表7-1**に視覚障害児を理解するためのアセスメント項目と内容を整理した。視覚障害の程度の理解だけでなく、医学・心理・発達・保育等、多角的な面から理解することが大切である。

図表7-1　視覚障害児を理解するためのアセスメント項目と内容

アセスメント項目	内容
視覚障害の状態の理解	診断名、疾患、盲又は弱視を医学的観点からの理解 見え方の理解
成育歴・治療及び療育歴の把握	生まれてからこれまでに利用した病院や福祉サービスの把握 利用機関で受けてきた治療やサービス内容
コミュニケーションの手段や状態の理解	視覚及び発達の状況とコミュニケーションの手段（会話等）と理解の状況
発達の状況の理解	言語理解の程度、知的障害の有無と程度、視覚以外（聴覚、触覚等）の発達の状況、基本的生活習慣の習得状況
心理学的理解	本人と家族の障害理解や障害受容の程度、家族の心理的状況
保育的観点による理解	本人の好きな遊び・活動、苦手な遊び・活動、家族以外の大人や同年齢の子どもとの交流経験と状態、 日常生活の具体的な場面（活動、食事、排泄等）における基本的な支援方法の把握

出典:筆者作成

2　聴覚障害児の理解

　聴覚障害は、聴覚の構造や機能の状態から、音や話し言葉が聞こえにくかったり、ほとんど聞こえなかったりする状態をいう。先天性の聴覚障害は、聴覚機能の奇形や感染、家族歴等が挙げられる。後天性では滲出性中耳炎や真珠腫性中耳炎等の病気や頭部外傷等が要因となることが報告されている。

　聞こえの状態は、外耳から大脳の聴覚中枢までの聞こえの仕組み（聴覚機構）のどの部位の状態が機能していないかによって異なる。聞こえの状態により、正常・軽度難聴・中等度難聴・高度難聴・聾に分類される。聴覚障害の聞こえをサポートするものとして、補聴器や人工内耳がある。これらの機器はあくまでも補助具である。したがって、聴覚障害児のコミュニケーションの発達支援を行う場合は、手話・指文字、読話等の複数のコミュニケーション手段を組み合わせることも必要になる。

　幼児期は、本人の聞こえの状態を理解する身近な大人との関わりを通して、目に見える情報を取り入れる方法を導入し、様々な経験ができるよう支援することで発達が促される。聴覚障害児を理解するためのアセスメント項目と内容を**図表7-2**に整理した。

図表7-2　聴覚障害児を理解するためのアセスメント項目と内容

アセスメント項目	内容
聴覚障害の状態の理解	診断名、疾患、聴力レベル等の医学的観点に基づく情報 補聴器を使用している場合は、補聴器の使用状況等も把握
成育歴・治療及び療育歴の把握	生まれてからこれまでに利用した病院や福祉サービスの把握 利用機関で受けてきた治療やサービス内容
コミュニケーションの手段や状態の理解	聴覚及び発達の状況とコミュニケーションの手段（手振り、身振り、手話、読話、指文字）と理解の状況
発達の状況の理解	言語理解の程度、知的障害の有無と程度、聴覚以外（視覚、触覚等）の発達の状況、基本的生活習慣の習得状況
心理学的理解	本人と家族の障害理解や障害受容の程度、家族の心理的状況
保育的観点による理解	本人の好きな遊び・活動、苦手な遊び・活動、家族以外の大人や同年齢の子どもとの交流経験と状態 日常生活の具体的な場面（活動、食事、排泄等）における基本的な支援方法の把握

出典:筆者作成

第2節　視覚障害児・聴覚障害児の保育

1　視覚障害児の保育の実際

　視覚障害の状態によって、幼児期に利用する施設等が異なる。障害のある子どもが利用する児童発達支援センターや特別支援学校幼稚部等に通う子どももいれば、地域の保育所・幼稚園・認定型こども園に通う子どももいる。ここでは、公立保育所に2年間通ったあきらくんのエピソードを紹介する。

> **事例1**　あきらくん（視覚障害）は赤ちゃんの時から人と関わることが大好きな子どもでした。母親は同年齢の子どもとの交流をさせたいという思いをもつようになり、あきらくんを家の近くの保育所に通わせることにしました。
> 　年中で入園したあきらくんは、週3日通園しました。週2回は障害児が利用する児童発達支援センターで専門的な療育を受けました。保育所では、加配保育士のサポートを受けながら、クラスの子どもたちとの交流を深めていきました。好奇心おう盛なあきらくんは、日々の保育所生活でたくさんの遊びや活動にチャレンジしていきました。その姿はまるで目が見えているかのような様子でした。友達や保育者の名前は、声で覚え、会話や遊びも一緒に楽しむことができました。担任や加配保育士のサポートを受けながら、クラスの子どもたちとの交流を深めていきました。
> 　担任や加配保育士は、あきらくんの成長に驚かされました。また、クラスの子どもたちはあきらくんの見えない状態を理解し、さりげない支援をしてくれます。

> あきらくんの明るくて優しい性格はクラスのみんなを元気づけたり、和ませたりする存在だったようです。
>
> 　あきらくんは2年間で、目の見える子どもたちと一緒に遊ぶ経験を積み重ねました。時には自分でできないこともあり、悔しい思いをしたこともありました。その時は、保育者にしっかり話を聞いてもらったそうです。保育所の生活はあきらくんの大好きな活動も見つかりました。それは歌を歌うこと。その歌声は優しくて明るくて、あきらくんそのものを表しているようでした。歌うこと、音楽や楽器に関心を持つようになり、それがやがてあきらくんの自信につながっていきました。その才能はぐんぐん伸びていきました。
>
> 　卒園式ではあきらくんの独唱の場面があり、会場からは大きな拍手のプレゼントがありました。

出典:筆者提供

　エピソードからもわかるように、あきらくんは、保育所生活の中で友達や保育者と具体的な関わりを通して、様々な遊びや活動、集団生活の体験を積み重ねた。その過程では、見えない状態で活動を制限されると感じることもあり、不安や葛藤を抱くことも考えられる。保育者は、障害が障壁にならないような環境を整備する工夫を行い、心理的な側面からも支援を行うことが求められる。

2　聴覚障害児の保育の実際

　聴覚障害児は聞こえないことで言葉や認知の発達が遅れる可能性があるため、できるだけ早期に支援を開始する必要がある。専門的な機関で言語聴覚士や特別支援学校教員等から支援を受けることが求められる。近年では、人工内耳等の医療技術の進歩により、地域の保育所・幼稚園・認定こども園に通える可能性が大きくなっている。

> **事例2**　まなみちゃん（聴覚障害）は、赤ちゃんの時に受けた新生児聴覚スクリーニング検査で「耳が聞こえにくい」と告げられました。その後、先天性の「中等度難聴」と診断があり、母親はどうやって子どもを育てたらいいか分からず途方に暮れる毎日でした。医師から紹介された相談機関を通じて、特別支援学校幼稚部をすすめられました。専門の教員による本人への支援や母親への助言だけでなく、聴覚障害児を育てる母親同士の交流会として茶話会が月に一度行われ

> ていました。ここに通いはじめて子育てをがんばろうという気持ちになったと言います。まなみちゃんは、補聴器も自分で上手に扱えるようになり、目から見える情報をキャッチし、4歳になってからは絵や文字を活用し、覚えた指文字や手話を使ったコミュニケーションができるようになりました。近所の同年代の子どもがまなみちゃんの家に遊びにくるようになり、まなみちゃんは「私も友達と一緒の幼稚園に行きたい」と言い出しました。母親は不安もありましたが、まなみちゃんの支援に関わる医師、言語聴覚士、特別支援学校幼稚部の教員に相談した結果、年長から一年間、地域の幼稚園に週3回、特別支援学校幼稚部に週2回通うことになりました。
>
> 　幼稚園では、まなみちゃん担当の加配教員を配置し、まなみちゃんが安心して園生活を送ることができる準備をしました。例えば加配教員が特別支援学校の幼稚部に行き、まなみちゃんの様子を実際にみることで、幼稚園ではどんなサポートをしたらいいのかを考えたり、母親からは家庭での様子を聴き、遊びや活動、日常生活の支援を行う際のアドバイスを受けたりしました。クラスの子どもたちにはまなみちゃんの耳の聞こえの状態を説明しました。クラスの子どもたちはまなみちゃんと関わる中で、次第に手話を覚えていきました。まなみちゃんは、幼稚園について「ワクワクするところ」と表現していました。先生や友達との関わり、大きな集団の中での活動経験は楽しく刺激のある場所だったようです。まなみちゃんの母親は「幼稚園で過ごした一年間は、まなみの人生の土台になった」と語ります。

出典:筆者提供

　聴覚障害児の場合は、聴こえ方や支援の方法について保護者や関係機関と連携しながら、どのような保育ができるか考えていくことが重要である。保育施設と保護者と医療の三者の連携により、聴覚障害児のコミュニケーション能力が高まり、健常児と交流が活発になると報告もある［広田・田中、1987］。

　また、まなみちゃんのエピソードから読み取れるように、聴者（クラスの耳の聞こえる子ども）との関わりは、人間関係の幅を拡げる機会となる。保育者は、子ども同士のコミュニケーションが円滑になるような支援を工夫しなければならない。クラスの子どもにとっては、聴覚障害のある友だちとの出会いを通して、聴覚障害について体験的に理解する機会にもなると考えられる。

3 関係機関との連携による理解と支援

あきらくんやまなみちゃんのように、障害のある子どもは、専門機関等を利用しながら保育所・幼稚園・認定こども園を利用する場合が多い。したがって、専門機関との連携はかかせない。専門機関からは、集団の場で発達支援する場合の配慮点や支援方法について具体的な助言をもらうことが望ましい。担任や加配保育者・教員だけでなく、職員全員で共通理解を図ることが大切である。クラスの子どもには、視覚障害や聴覚障害について発達段階に応じてわかりやすく説明することも必要である。子ども同士の円滑な交流や相互理解を図るためのクラス運営を行い、クラスの子どもだけでなく、保護者への説明を行うことも大切である。

4 家庭支援と連携

子どもに障害があるとわかった時の家族の心情を考えてみよう。落胆・悲しみ・焦燥感等、様々なマイナスの感情を抱えることが容易に想像できると思う。人が人を育てる過程には、困難や危機を乗り越えなくてはならないこともあり、このことは、障害のあるなしに関係なく、親なら誰でもが直面する課題でもある。障害のある子どもを授かることは、親にさらに別の課題がプラスされることになる。その課題となる「障害」がもたらす子どもの症状（目が見えない、耳が聴こえないど）に日々向き合い、子育てに奮闘しながら、子どもと共にどう生きるかを模索している。保育者は、このような家族の心情を理解した上で、関わっていくことが重要になるだろう。

5 保育の場における発達支援のポイント

(1) **保育者との信頼関係を構築する**

視覚障害児や聴覚障害児の場合、情報をうまくキャッチできないため、いつも一緒にいてくれる保育者との信頼関係が大切になる。見えないこ

とや聴こえないことで不安な気持ちや自己肯定感が低くなることも懸念される。保育者が子どもの一番の理解者となり、困った時に助けてくれる人として存在すると、子どもの心に安心感が芽生える。安心した気持ちがあれば、初めて経験することにチャレンジしたり、外界への興味・関心が拡がったりする。同年齢の友だちとかかわる場合も、最初は、保育者の手助けを必要とするが、次第に、子ども同士で交流できる機会も増加していくだろう。

(2) 障害の特性に合わせた配慮と支援

視覚障害児の保育においては、鈴などの音の鳴るものを活用することがある。声をかけながら物を一緒に触ったり、確かめたりしながら物の名前を教えることができる。人の名前は、握手をして「○○先生だよ」「○○ちゃんだよ」と声をかけることによって、声や感覚等で人を見分け、名前を覚えることができる。また、視覚障害児が遊ぶことのできる鈴入りボールなどを利用して、友人や保育者とボールで一緒に遊ぶことを通して、人と関わる喜びを味わう経験ができる。

聴覚障害児は、視覚的な情報を多くすることでわかることが増える。物の名前を覚えるために文字で教えることを導入する場合もある。お話をする際に、絵やイラストで表現したり、絵日記を使って会話したりすることで、語彙レパートリーが増加していく。必要な補助具やICT機器等が準備できれば、家族と連携・相談しながら、保育に導入することも可能である。聴覚障害児の支援に視覚的情報を多く取り入れることは、幼児期のすべての子どもにもわかりやすい環境となるといえる。

障害のある子どもの特性や発達の状況に配慮した保育環境を整備するにあたっては、クラスの子どもにわかりやすい説明をすることが求められる。一人ひとりのよさや違いを認め、支え合いや学び合いのある時間を通して、思いやりや優しい気持ちを育むことができるだろう。

第3節　未来を見据えた支援

　エピソードで紹介したあきらくんは、視覚障害児を対象とした教育（点字等を使った教育、視覚障害に特化した職業教育等）が受けられる特別支援学校小学部に入学した。小学校1年生から高校3年生まで、平日は寄宿舎（特別支援学校に併設されている施設）で生活しながら学校に通い、週末は家庭で過ごすという生活をした。特別支援学校高等部卒業後は、針きゅう師の資格を取得し、現在は資格を生かした仕事をしている。
　まなみちゃんは、小学校から高校まで12年間特別支援学校に通学した。卒業後は、短期大学に進学した後、公務員として働いている。幼稚園時代の友人とは今でも交流が続いている。
　障害のある子どもの保育においては、対象児の将来を見据えた支援を考えることも大切になる。幼い子どももいずれは成長して大人になる。障害のあるなしにかかわらず、自立した生活を送ることや就労等の社会参加・社会貢献は人生のQOLを向上させるだろう。
　就学前の幼児期には、その土台を培うために、保育の専門性を生かした支援を行うことが求められる。一人ひとりの子どもが大切にされた上で、その子どもの輝きや強みが生かされるよう、個々の発達ニーズに合わせた支援が必要になる。幼児期のかけがえのない体験や人との出会いが、その子どもの人生の糧になる可能性を秘めている。障害児保育を実践する保育者にはぜひ心がけてほしい。

【引用・参考文献】
　香川邦生編著『四訂版　視覚障害教育に携わる方のために』慶応義塾大学出版会、2010年
　広田栄子・田中美郷「聴覚障害幼児の統合保育の実態」耳鼻臨床80、1987年

（藤田久美）

第8章 知的障害児の理解と支援

第1節 知的障害児の理解と支援

1 定義

　知的障害は、発達期に生じる一群の疾患である神経発達症群に分類されている。つまり、特定の原因による特定の医学的疾患というようなものではなく、医学的疾患を背景に持つ場合から社会生活上の問題が背景にある場合まで、さまざまな要因により知的能力の発達に関して障害が生じている状態像全般のことを指す、幅の広い概念である。

　知的障害の代表的な要因として、「感染症及び中毒症に起因するもの」、「外傷または物理的要因によるもの」、「代謝、成長または栄養の障害を伴うもの」、「出生後に起こる粗大脳疾患に伴うもの」、「出生前環境に基づく疾患および状態を伴うもの」、「染色体異常に伴うもの」、「未熟産などの周産期疾患によるもの」、「精神医学的障害に起因するもの」、「心理的、社会的（環境的）喪失に伴うもの」がある。

　現在、国際的に使用されている診断基準はいくつかあるが、それらに共通している特徴として、（1）知的機能の欠陥、（2）適応機能の欠陥、（3）機能の欠陥が発達期に発症すること、が挙げられる。ここではアメリカ精神医学会の示す定義を紹介する（DSM-5精神疾患の診断・統計マニュアル）。なお、5歳未満で妥当性のある検査を行えない場合に適用される「全般性発達遅延」、「感覚器の障害や重度の問題行動」、「精神疾患」など、感覚または身体障害のために検査が困難なものに適用される「特定不能

の知的能力障害(特定不能の知的発達症・特定不能の知的発達障害)」も知的能力障害群に含まれ、重症度の重い子どもが該当する。

図表8-1　知的能力障害(知的発達症／知的発達障害)

診断基準
知的能力障害(知的発達症)は、発達期に発症し、概念的、社会的、および実用的な領域における知的機能と適応機能両面の欠陥を含む障害である。以下の3つの基準を満たさなければならない。 A. 臨床的評価および個別化、標準化された知能検査によって確かめられる、論理的思考、問題解決、計画、抽象的思考、判断、学校での学習、および経験からの学習など、知的機能の欠陥 B. 個人の自立や社会的責任において発達的および社会文化的な水準を満たすことができなくなるという適応機能の欠陥、継続的な支援がなければ、適応上の欠陥は、家庭、学校、職場、および地域社会といった多岐にわたる環境において、コミュニケーション、社会参加、および自立した生活といった複数の日常生活活動における機能を限定する。 C. 知的および適応の欠陥は、発達期の間に発症する。

出典:〔『DSM－5精神疾患の診断・統計マニュアル』医学書院、2014〕を基に筆者作成

2　重症度

　知的能力障害の程度については、かつてはIQを基準として軽度～最重度などの分類がされてきたが、IQの高低が必ずしも本人の適応状態や必要な支援のレベルと一致しないことから、現在では適応機能に基づいて定義されている。

　適応機能とは、年齢や社会文化的背景が同じ人と比較して個人的自立や社会的責任における集団の基準をどの程度満たしているかによって判断されるものであり、記憶、言語、読字、書字、数学的思考、問題解決などの概念的(学問的)領域、他者の思考や感情を認識するなどの共感、対人的コミュニケーション技能、社会的判断などの社会的領域、身辺自立、金銭管理、行動の自己管理、余暇などの実用的領域からなる。

第2節　知的障害児への支援

1　支援を行う上での不可欠な視点

(1) 環境を調整する

　支援を行う上で不可欠な視点として、環境とそこで提示されている刺激について検討しなければならない。つまり、子どもが置かれている環境が支援実践上適切な状況にあるか、また子どもにとって理解可能でそこで求められる行動をするための手掛かりとなる刺激が提示されているかについて確認しなければならない。

　第一に、環境が適切であるかについてである。例えば、支援を行う際に、おもちゃなどの刺激が散らばっていたり、友達が遊んでいる様子が見える、声が聞こえるというような状況では、保育者の声かけ等に注意を向けさせることが難しくなる。そのようなことがないように、働きかけに注意が向きやすくなるよう、不必要な刺激を排除したり毎日決まった時間や場所で行うなど環境を調整することが不可欠になる。

　次に、そこで求められている行動がやりやすくなるような環境調整が必要になる場合もある。例えば、排泄をする際に自分で座れる高さの調整や、ドアや引き出しを開けやすくする取っ手への変更などである。

　最後に、子どもにその場で行うべき行動について理解を促す方法を検討しなければならない。つまり、子どもの理解力や認知特性に応じた指示や手掛かりを選択する必要がある。例えば、着替えの際に常に同じかごを示す、服の前後が分かるように印を付けるなど、視覚的な手掛かりを足すことでその場ですべき行動を自ら行うことができることがある。また、ことばの理解が困難であっても、モデルを示す、絵カードや動作カード、写真を活用することで適切な行動が生じる場合がある。

　ことばを用いて指示を出す場合、身近なものの名前なら理解できるの

か、動詞は理解できるのか、何語文まで理解できるのかによって、簡潔な一語で伝えるのか、文章で伝えるのかなど、伝え方は変わってくる。もちろん、言葉と合わせて絵カードやジェスチャーなどのサインを提示するなど、子どもが理解できる手掛かりを工夫することが不可欠である。

(2) 行動の実態を理解し、目標を設定する

様々な行動の習得を目標に支援を計画する際、子どもがその行動を「どの程度できるか」、「どのようなやり方をしているのか」、「どのように（どこで）失敗するのか」、「本当にできないのか」などを明らかにしなければならない。なぜならそれによって支援方法が異なるからである。

スキルとしては習得しているが必要な時に行わないのであれば、そのスキルを活用する手掛かりがないからしない場合もあるし、その行動をしても好ましいことが起きないので「やらない」という場合もある。一方で、スキルとして習得できていないのであればその習得が目標となる。つまり、ただできる、できないを評価するのではなく、できない、やらない要因を予測し、それに応じた支援を計画・実践しなければならない。

(3) ほめ方を工夫する

わかりやすい手掛かりを示して自発的な行動を促せば、その行動が安定して生じ、習得できるわけではない。その行動をした後に本人にとって好ましい出来事が確実に生じることによって学習は進むのである。

好ましい出来事は、食べ物やおもちゃが手に入ること、だっこ、誉めことばや周囲の笑顔、シール、好きな活動への参加など多岐にわたる。よって、子どもの好みと指導の場において自然で提供可能な方法を工夫することが必要である。

以上より、効果的な支援実践には適切な環境調整と目標設定、対応が不可欠であり、園と保護者が協力し一貫した実践をしなければならない。

2 実用的領域への支援

実用的領域とは、睡眠や排泄などの基本的・生理的活動から、食事や

着替えなどの日常生活で必要なスキル、生活習慣の確立や自己管理等、日々の生活の多岐にわたるスキルの学習に関する領域である。よって、日々の保育実践の中で実用的なスキルの習得に対する支援が必要となる。

(1) **生理的反応への支援**

知的障害児の中には、睡眠や排泄などの生理的要因に左右される行動が自立していない子どもがおり、支援しなければならない。

そのためにまず、それらのリズムの確認と十分な機会や時間が確保されているかについて検討しなければならない。なぜなら、安定した十分な睡眠習慣がなければ、日々のすべての生活リズムが安定せず、日常生活全般を脅かしてしまうからである。よって、生活リズムの安定はあらゆる学習を成立させるうえで不可欠である。

排泄においても、何時ごろに排泄するのか、おおむね何時間おきなのか、タイミングはあるのか、大便と小便で自立の程度や反応パターンに差があるのかなどを確認し、排泄が行われるタイミングで直接的に指導することが不可欠である。これらは生理的な必要性があるときだけ生じる反応であるため、確実に指導機会を確保するためにも排泄の指導であれば事前に水分を十分にとらせておく、繊維の多い食事を計画的に提供しておくなどの事前準備、工夫が重要である。

(2) **日常生活スキルへの支援**

私たちは生活を成立させるために日常的に様々な行動をしている。それらは、歯磨きや入浴などの衛生、排泄や食事などの健康、服装を整えるなどの身だしなみ、登園や外出、余暇活動など多岐にわたる。それらへの支援を計画する際に、スキルそのものを習得しているかの確認が不可欠である。つまり、スキルはあるが適切な流れの中で活用することができないのか、スキルの習得が必要なのかについての検討である。

スキルは習得しているが適切に使用できていない場合、その行動をする手掛かりがない、わからない場合とその行動をしても本人にとって好ましい変化が生じない場合が考えられる。

前者の場合、子どもの認知特性に応じてわかりやすい手掛かりを付加することが必要になる。例えば、自分の場所にその子どもの顔写真やマーク、片付けるものの絵カードをつける、などである。それによって子どもが自発的に行動したら、それをしっかりと評価し、徐々にその手掛かりを自然なものへと移行させていくことが重要となる。

　後者の場合は、その行動をすることが本人にとって意味のある状況を作ること、行動した後にその流れの中で自然に本人にとって好ましい状況を配置することが不可欠である。

　次に、スキルの習得が不十分である場合について述べる。日常生活スキルは一つの行動としてとらえられることが多いが、実際にはいくつもの行動を一連の流れで行うことで成立している。歯磨きという行動は、歯ブラシを持つ、歯磨き粉の蓋を開ける、歯磨き粉をつける、口に入れる、前歯を磨く、奥歯を磨く、うがいをするなど、多くの行動が一連の順序で成立することで習得される。このように、一つの活動を最小の行動単位に分けて分析することを課題分析という。そして、課題分析をした上で、できない工程があるのか、それぞれは習得しているが一つ前の工程の終了を手掛かりに次の工程を行えないのか、両方に課題があるのかについて明らかにする必要がある。なぜなら「できない」という状態は同じでも、理由によって行うべき支援の内容は異なるからである。日常生活スキルを支援する場合、必ず課題分析を行い、一つひとつのスキル形成をするのか、一つ前の行動を手がかりに次の行動ができるようにするのか、その両方にアプローチするのかなど、明らかにする必要がある。

3　社会的領域への支援

　社会的領域とは、対人的コミュニケーション技能や社会的な状況判断、他者の感情を認識する共感など、円滑な社会生活をする上で必要とされるスキルに関する領域である。

(1) コミュニケーションへの支援

　知的障害児は、多くの場合コミュニケーションに課題を抱えている。それは、他者への興味そのものが希薄な状態から目で追う・笑顔で抱き着くなどはするが不明瞭な発声にとどまる場合、単語で働きかけてくる場合、叩く・手を引っ張るなどの行動で表す場合など多岐にわたる。

　いずれの場合も重要なのは、他者に働きかけた後に本人にとって確実に好ましい状況を提示することである。興味が希薄な場合はこちらから働きかけ、それに対して視線を向ける・声を出すなどの反応が生じたら確実に本人の好む働きかけを提示し、他者への反応性を高めなければならない。子どもからの働きかけがある場合は、その行動が生じる文脈を確認し、何を望んでいるのかを検討したうえで確実に対応していくことが重要である。さらにその際、その場面で求められるより適切な働きかけ方のモデルを示し、その行動を促していくことが不可欠である。例えば、単語で働きかけてくる場合は2語文のモデルを示す、手を引っ張って用事を訴えてくるのであればその場面で「先生」や「来て」などのモデルを示すなどである。そして、より適切な行動が生じた場合は確実にそれに応じた対応を行っていかなければならない。

(2) 集団参加、活動参加への支援

　知的障害児は、他の子どもたちと同じ場にいるだけで集団活動に参加したり、他の子どもと関わり遊ぶようになるとは限らない。また、コミュニケーションのレベルや状況判断・ルール理解などの問題から活動を理解できず不参加の状態になったり、一方的に行動し他の子どもたちの邪魔をするような状況になる場合もある。

　このような状況に対して支援を計画する上で重要なのは、子どもが現実場面で実際に行動し、フィードバックを受けるということ、つまり体験による学習を計画することである。その場合、社会的スキル訓練の①教示、②モデリング、③リハーサル、④フィードバックという一般的な流れを忘れてはならない。教示は必ずしも言葉での説明ということで

はなく、その場面で何をするのかが伝わるということが重要である。その上で行動をして見せ、子どもにも行わせ、成功経験として定着させなければならない。例えば、遊びに入りたいときは「入れて」ということを伝え、先生がして見せ、それに続いて本人も行い、実際に遊びに参加できるという体験を計画的にさせていくことである。

4　概念的領域への支援

　概念的領域とは、言語や記憶、読字、書字、数学的思考、実用的な知識の習得、問題解決などの能力に関する領域である。

　保育現場は、いわゆる「勉強」を教える場ではないが、子どもたちは日々の生活の中で、ものの名前や特徴、働きなどを発見し、習得している。そして、そのような学習が子どもたちの興味を拡大し、さらに理解を促している。また、わかることが増えていくことで子どもたちの遊びにルール性が生まれ、その遊びに参加することで学習はさらに進んでいく。知的障害児についても、そのような学習が促されることは重要である。よって、一人ひとりの実態に即して概念的領域の学習を支援しなければならない。

　その際に重要なこととして、身近なものを選択すること、使うことで本人にとって好ましい状況になるなど意味のあるものを選択すること、実体験を重視すること、が挙げられる。

　ことばや知識などは多いに越したことはないが、いたずらに覚えさせるのではなく、例えば色を覚えたことで色鬼に参加できる、分類できるようになって仲間集めができるなど、生活の中でそれを活用することで本人にとって好ましい展開が広がっていくことが何よりも重要である。

【引用・参考文献】
　高橋三郎・大野裕監訳「DSM-5精神疾患の診断・統計マニュアル」医学書院、2014年
　本保恭子、中内みさ、東俊一、青山新吾、西崎博子「知的障害児の教育第2版」大学教育出版、2012年
　七木田敦・松井剛太編「つながる・つなげる障害児保育」保育出版社、2015年

　　　　　　　　　　　　　　　　　　　　　　　　　　　　（東　俊一）

第9章 発達障害児（自閉スペクトラム症等）の理解と支援

第1節 発達障害の理解

1 発達障害の定義

2016年に一部改正された我が国の発達障害者支援法では、発達障害は『自閉症、アスペルガー症候群その他の広汎性発達障害、学習障害、注意欠陥多動性障害などの脳機能の障害で、通常低年齢で発現する障害』と定義されている。しかし、国や分野によって、発達障害に属する障害の名称や区分が異なり、用語に関する混乱が多少生じている。

2 発達障害の特徴と実態

発達障害のおもな障害には、自閉症スペクトラム障害、注意欠陥多動性障害、学習障害があり（**図表9-1**）、三つの基本的特徴が共通している。

第一に、乳児期から児童期に発症すること、第二に先天的な脳の機能障害が背景にあることである。脳機能障害の原因は解明していないが、遺伝的要因と環境的要因が複雑に影響しているとされる。また、第三の特徴は、障害の経過は継続的、すなわち、改善され生活しやすくなることはあるものの、"治る"ことはないということである。

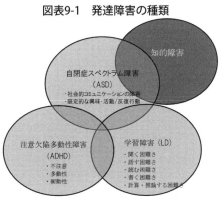

図表9-1　発達障害の種類

出典：筆者作成

しかしながら、発達障害の状態像は、年齢や環境条件により著しく変化し、ある障害の特性が他の障害の特性と重なるため、その区分は明確ではない。実際、その時々で医療機関での診断名が変わることも多く、また同じ診断名であっても、特性のあらわれ方や程度は異なる。

第2節　自閉症スペクトラム障害の理解

1　自閉症スペクトラム障害とは

　自閉症スペクトラム障害（Autism Spectrum Disorder: ASD）は、従来、広汎性発達障害として、自閉症、アスペルガー症候群などに分かれていたものを、連続した一つの症状としてまとめた障害名である。2012年の米国における調査では、発症率は1.5%（68人に1人）、男子では女子の5倍の割合で生じると報告された。ASDの特性には、対人関係やコミュニケーションの困難さ、限定された興味や反復的で常同的な行動があげられる。知的な障害は伴うことも伴わないこともあり、一般的にIQ70以上のASDの子どもも存在する。

2　自閉症スペクトラム障害の特性

(1)　社会的コミュニケーションの障害

　人への反応や関わりが乏しく、自然な対人的、情緒的な関係を形成することが困難である。具体的な特性を以下に示す。
　○視線を合わせること、身振りや顔の表情など非言語的コミュニケーションの表出や理解が難しい。
　○話しことばの発達に遅れがあり、ほとんど発語がないことも、オウム返しなどの反復的なことばを使うこともある。またその場の状況や相手の意図を理解できず、会話が一方的になる傾向がある。

○年齢に相応しいごっこ遊びやゲームなどができず、友達と協力して遊ぶことが苦手である。
○友達同士の興味や気持ちの共有が難しく、同年齢の仲間関係を築くのが困難である。

(2) 限定的な興味、反復的および常同的行動

興味や関心が狭く、特定のものにこだわったり、同じ行動を繰り返したりする。具体的な行動を以下に示す。

○変化に弱く、融通が利かず、衣服や食べ物、道順などに固執する。
○あるものに過度の愛着を示し、例えばタイヤを回したり、ドアの開閉を繰り返したり単調な遊びに没頭する。なかには、文字や数字、虫や乗り物など特定のものに関して驚異的な知識をもつこともある。
○感覚刺激を過剰に感じる感覚過敏と感じにくい感覚鈍麻の片方または両方があらわれる。ASDによくある偏食は、味覚過敏と触覚過敏がおもな原因と考えらえる。また人混みなど聴覚的、視覚的な刺激が多い環境は苦手とされる。その一方で、平衡感覚が鈍いために目が回らない、怪我をしても痛みを感じにくいということがある。

第3節 注意欠陥多動性障害の理解

1 注意欠陥多動性障害とは

注意欠陥多動性障害（Attention-Deficit/Hyperactivity Disorder: ADHD）は、『年齢あるいは発達に不釣り合いな注意力、及び/又は衝動性、多動性を特徴とする行動の障害で、社会的な活動や学業の機能に支障をきたすもの』であり、2013年に改訂された米国精神医学会のDSM-5によると「12歳以前」に現れ、通常、症状が6か月以上継続して、園・学校や家庭など2か所以上の場面で見られると診断として疑われる。米国の最

新の研究では、発症率は約5%、男子の割合は少なくとも女子の2、3倍以上と報告されている。

2　注意欠陥多動性障害の特性

(1) 不注意優勢型（不注意の症状が強く出ているタイプ）
○気が散りやすく、課題や活動に集中して取り組む時間が短い。
○指示や話をぼんやりして聞いていないため、すぐに行動に移せない。
○順序立てて考えるのが難しく、物事を最後までやり遂げられない。
うっかりミスや忘れ物・なくし物が頻繁にある。

(2) 多動性-衝動性優勢型（多動性と衝動性の症状が強く出ているタイプ）
○常に落ち着きがなく、席から立ったり部屋から飛び出したりする。
○手足をもじもじさせたり、椅子からずり落ちたり、体の一部を始終動かしている。
○おしゃべりが止まらない。
○自分が抑えられず、些細なことにカッとして大声や手を出す。
○我慢や待つことが苦手で、列に割り込んだり話を遮ったりする。

(3) 混合型（すべての症状が混ざり合って出ているタイプ）
ぼんやりして不注意な間違いやミスが多い、絶えず落ち着きがない、我慢できず大声や手を出してしまうというように不注意、多動性、衝動性の三つの症状があらわれる。一人ひとり強く出る症状は違うが、ADHDの診断を受けるほとんどがこのタイプだと言われる。

第4節　学習障害の理解

1　学習障害とは

学習障害（Learning Disabilities: LD）は、文部科学省によると、『基本

的には、全般的な知的発達の遅れはないが、聞く、話す、読む、書く、計算する、又は推論する能力のうち特定のものの習得と使用に著しい困難を示す様々な状態』をいい、『視覚障害、聴覚障害、知的障害、情緒障害などの障害や環境的な要因が直接の原因となるものではない』と定義されている。学齢期の子どもの約3〜6％に見られ、男子は女子の4〜6倍の割合で発症する。改訂版のDSM-5では「限局性学習症」という名称が使われるようになった。

2 学習障害の特性

通常、学習障害は、就学後に読みの困難（ディスレクシア）、書きの困難、計算や推論の困難としてあらわれ、国語や算数などの教科学習の遅れとなって顕在化する。そのため、就学前には気づかれないことも多い。しかし、学習障害につながる視空間認知の弱さから、文字の覚えが遅い、形や前後左右の区別ができない、ハサミが苦手、お遊戯がぎこちないという傾向が幼児期に見られることがある。聴覚認知が弱い場合、集団指示に従えない、音の分別や聞き取りが難しい、言い間違いが多い、しりとりなどのことば遊びが苦手ということがある。また、数量的概念の発達が不安定だと、「多い・少ない」の判断ができず、「足りない」「残り」「ぜんぶ」などのことばを理解しにくい。

第5節 発達障害に対する配慮と支援

発達障害は、年齢や環境によって状態像が異なり、また「個性」との境界がわかりにくい面もあるため、正しく理解されないことが少なくない。障害として気づかれず、時として、保護者の"しつけ不足"あるいは本人の"我儘"や"努力不足"と非難され、充分な支援が受けられないと、二次的な障害を生む可能性も増える。発達障害自体の困難さに加

え、周囲の配慮のない言動から意欲や自己肯定感をなくしたり、他者に不信感を持ち反抗的や暴力的になることも珍しくない。

重要なのは、発達障害の診断の有無や診断名にかかわらず、子どもが抱えている困難さの実態を的確に把握し、保護者と連携しながら、個々に応じた配慮や支援を速やかに行っていくことである。

1 環境的な配慮

(1) 刺激を抑えた環境づくりをする

目や耳に入る刺激が多すぎると、不安や苦痛に感じたり、注意力散漫になる子どもが少なくないため、声や音の大きさ、掲示物や装飾の仕方、道具や物の配置などに気を配り、刺激を抑え穏やかに生活できる環境が好ましい。また必要な時に、一人で静かに過ごせる小さなスペースもあるとよい。

(2) 場所の構造化をする

棚やついたてで仕切ったり、色違いのラグを敷いたりして環境を整理（構造化）し、特定の場所と行動を結びつけ（着替え、休憩など）、場所が持つ意味を明確にするとよい。環境をわかりやすく整理することで、安心して過ごし、自主的に行動できるようになる。

(3) 生活の流れを一定にする

事前に何が起こるのか、何をすればいいのかわからないと不安に感じる傾向があるため、一日の流れはできる限り一定にするとよい。また、写真や絵のスケジュールを使うと、活動の流れや内容を目で確認することができ、見通しが立てやすくなる。

2 声がけや手助けの配慮

(1) 指示やフィードバックは具体的かつ肯定的にする

曖昧な表現や「こそあど」言葉は理解しにくいため、直接的な言い方を心掛ける。例えば、「それ、ちゃんと片付けて」は「おもちゃを箱に

入れて」、「そろそろおしまい」は「あと3回でおしまい」というように具体的に伝えるとわかりやすくなる。また「ダメ」「○○しないで」という否定的な言い方ではなく、「立たないで」の代わりに「座って」という肯定的に伝えると、望ましい行動につながりやすい。

(2) 視覚的手がかりを活用する

言われたことを理解したり記憶したりするのが難しい子どもには、実物、絵や写真などの視覚的手がかりを使うと有効である。例えば、帽子や公園の写真を見せて、散歩の時間を知らせることができる。手洗いや工作の手順も絵や写真で示すと見通しが立てやすくなる。

(3) できたら褒める

日常的に注意や叱責を受ける子どもが多いことから、うまくいった時には、わかりやすい表現でたくさん褒めるようにする。単に「できたね」「すごい！」というよりも、「一人で靴が履けたね」「座って聞けたね」と具体的に褒めるようにすると望ましい行動が強化される。

3 学びの配慮

(1) 日常の経験を通して学ぶ機会を増やす

集団行動が難しい子どもが少なくないが、日々の活動を通して、その状況に合った言動をその都度練習する必要がある。子どもの状態を配慮しながらも、子どもの自由にさせておくのではなく、少しでもできることを見つけ、身辺自立や対人コミュニケーションのスキルなどを伸ばすように積極的に働きかけることが大切である。

(2) スモールステップで繰り返し練習する

学びの興味や意欲が持続しにくい場合は、課題を小さな目標に分けて、スモールステップで成功体験を増やし、達成感につなげるとよい。また、学びのペースが遅く学んだことも忘れてしまいがちだが、「できるはず」と決めつけず、根気よく繰り返し学ぶ必要がある。その際、トークンボード等の視覚的ツールを使うと集中を持続しやすい。

4 不適切行動への対応

(1) 不適切な行動の原因を探り、予防的な対策をとる

　急な予定の変更や感覚過敏など、不適切な行動（癇癪(かんしゃく)、自傷、他害等）の原因になることがあれば、事前に予定変更を伝えたり、苦手な感覚刺激を減らしたり予防的に対応するとよい。防音効果のあるイヤーマフや視覚刺激を軽減するためのサングラスなどの着用が有効な場合もある。

(2) 不適切な行動の代わりになる適切な行動を教える

　自分の意思が伝えられない、自分が抑えされないことで不適切な行動をとってしまう場合、代替の行動として、身振りやことばで意思を伝える（「貸して」「手伝って」）練習や、自分の感情や行動をコントロールするセルフモニタリング（自分の行動や考えや感情を自分で観察記録すること）を取り入れるとよい。

【引用・参考文献】

上野一彦監修『ケース別発達障害のある子へのサポート実例集 幼稚園・保育園編』ナツメ社、2010年

田中康雄監修『イラスト図解 発達障害の子どもの心と行動がわかる本』西東社、2014年

日本発達障害ネットワーク編集『改訂版 発達障害児のための支援制度ガイドブック』唯学書房、2015年

平岩幹男『自閉症・発達障害を疑われたとき・疑ったとき：不安を笑顔に変える乳幼児期のLST』合同出版、2015年

（橘川佳奈）

第10章 一人ひとりが大切にされる障害児保育の展開

第1節 一人ひとりを大切にする保育

1 子ども一人ひとりを大切に保育するために

(1) 発達理解

　子ども一人ひとりの特性や個性を理解するためには、最初に一般的な乳幼児の発達（定型発達）について知ることが大切である。運動発達、言語・認知発達、情緒や社会性などの諸側面についての発達を理解しておくことで、気になる子や障害がある子の発達状態を見極めることができる。このことは、障害の早期発見・早期対応につながる。

　例えば、粗大運動の発達で考えると、8～9割の子どもが、生後3カ月前後で"首座り"、5カ月前後で"寝返り"、8カ月前後で"座る"、1歳6カ月前後になると"一人で歩く"、などの発達をする。言語・認知発達や社会性の発達も同様に、発達の仕方に一定の決まりがある。

　このように、一般的な発達の仕方、発達段階を理解しておくことは、保育現場で子どもの特性を理解して対応するのに必要なことである。

(2) 障害の理解

　発達理解と共に大切なのは、障害についての知識をしっかり学んでおくことである。障害といっても、さまざまな種類がある。また、最近では障害が重複（学校教育法施行令の第22条の3に規定する障害を二つ以上併せ有する）している子どもも多数いる。

　障害と診断されてはいないが「気になる子」を始めとした、肢体不自

由、視覚障害、聴覚障害、知的障害、言語障害、発達障害（自閉スペクトラム症・ADHD・LD）、病弱・虚弱などの知識について、しっかり理解しておきたい。各障害について学び、一人ひとりの子どもの特性を理解すると、その子の状態や発達状況に応じた保育や対応が可能になるのである。

(3) **子ども一人ひとりの特性理解**

一般的な子どもの発達理解と各障害についての知識を学んでおくことで、子ども一人ひとりの発達状況や特性、特性理解が可能になる。

例えば、「自閉スペクトラム症」という障害名が診断されていても、子ども個々人の特性は異なる。保護者から子どもの状態や特性、家庭での様子を聞くと共に、保育現場で子どもの様子を丁寧に観察して、一人ひとりの子どもの状態を理解して把握することが大切である。

障害のある子どもの発達は、定型発達（健常児）している子どもたちより、何らかの遅れがあることが多い。一人ひとりの発達の様相は異なり、個人差が大きい。育ちの環境条件を始めとした違いはもとより、どのような障害がどの部位や範囲にあり、どの程度か、障害が重複しているか、など一人ひとり異なる。このようなことを踏まえた上で、一人ひとりの子どもの特性を理解し、障害の程度とともに、個々人差があることも理解しておきたい。

(4) **観察と記録**

子ども一人ひとりの特性を理解するためには、まず、よく観察することが重要である。一緒に遊びながら、あるいは、近くで様子を見ながら、子どもの言動を見守りつつ観察する。保育後に、保育日誌に記録すると共に、個人記録にも記載していくことが、子どもの特性理解の要となる。

どのような時は集中して遊んでいるか、パニックを起こす状況、得意なこと、苦手なこと、特徴的な行動、等を観察していく。この観察と記録を通して、保育後に職員間で話し合い、様々な視点から見つめて、子どもそれぞれに合わせた対応や支援方法を考えていくことが重要である。

記録の方法は、保育中の印象的なことを記録するエピソード記録と、「生活、運動、認知・知的、言語・コミュニケーション、対人関係、情緒」などの項目に分類して記録するなど、さまざまな方法がある。

2　子どもとの関わりを通して

(1)　遊びと信頼関係
　一人ひとりに適切な保育を実践していくために、障害児と保育者が仲良くなること、つまり、信頼関係を築くことが大切である。そのために、障害児の「好きな遊び」「得意なこと」や、反対に「こだわり」や「苦手な事」等の行動特性を知ることが大事になる。
　障害のある子の「好きな遊び」「得意なこと」を、保育者が理解して寄り添う中で、信頼関係を築くことができる。「どんな遊びが好きか」ということは子どもをよく観察して記録すること、また、保護者からも子どもの「好きなこと」「苦手なこと」等の情報を得ておきたい。

(2)　安心できる居場所作りと環境配慮
　障害児と保育者の信頼関係を築くのと同時に、入園した幼稚園・保育園等が、安心して過ごせる環境であり、毎日行きたい楽しい場所、となることが重要である。園が楽しい場所になるように、一日の保育の流れを感じつつ、安心して過ごせる場所を整備・配慮していくことが求められる。製作などの一斉活動や誕生日会などの保育室移動や集団参加に抵抗感を持つ子どもには、無理強いをせず、様子を見ながらスモールステップで少しずつ慣らしていく環境整備や配慮をしていきたい。

(3)　基本的生活習慣の獲得
　障害のある子にとって、食事、睡眠、排泄、衣服の着脱、衛生（手洗い、歯磨き、入浴など）、挨拶などの基本的生活習慣の獲得は、個人差が大きい。着替えに時間がかかり思うようにできない等のジレンマを子どもが抱えることもある。基本的生活習慣を獲得できれば、子ども自身が「できた！」と自信を持ち、自立への可能性を広げることになる。

基本的生活習慣は、障害児一人ひとりの障害の程度を見極め、個々人に適した支援の方法を考えていきたい。また、援助する際に、保育者・職員間の一貫性のある対応方法や家庭との協力・連携が必要になる。

(4) 子ども同士の交流

障害の程度によっては、活動の幅が狭くなったり、周りの子ども達とコミュニケーションをとるのが難しいこともある。コミュニケーションの方法は、言葉だけでなく、表情やしぐさからお互いの様子を敏感に察知して理解することも多い。毎日一緒に過ごすうちに、障害のある子の様子から「今これをしたいのかな」と推測できたり、物の取り合いなどのいざこざからも、交流が生まれる。

保育者の価値観や言動、対応方法が、周囲の子ども達に影響を及ぼす。だからこそ、障害の有無にかかわらず、子どもに注意をする時は、友だちの前で注意するのは控えて、個別に注意するよう配慮したい。また、得意なことやほめる時は、友だちの前でほめると、「○○ちゃんは、絵を描くのが上手だ」「ジグソーパズルができてすごいな！」と、周りからも認められ、良い関係性を築くことができる。周りから認められたり、友達の前でほめられたりすると、障害児の自己肯定感が育ち、自信をもつことができる。障害の有無にかかわらず、「いろいろな子がいる」「みんな違ってみんないい」という友達の個性を認めあう仲間関係を築けるよう、配慮をしていきたいものである。

第2節　インクルーシブな保育と環境整備

1　インクルーシブ保育を実践するための教職員の協働

(1) インクルーシブ保育

1994年、ユネスコはスペインのサラマンカで、92の政府と25の政府機

関によって満場一致で「サラマンカ宣言」を採択した。このサラマンカ宣言は「特別なニーズ教育」という概念と共に、「インクルーシブ教育」の推進を打ち出したことで知られている。この採択を受けて、「万人のための教育」「個人の差異や困難によらず、すべての子どもを包含できるような教育システムの改善」を図り、障害の有無、人種の差異、男女差、年齢差などにかかわらないインクルーシブ教育の原則を取り入れることが推奨された。

　日本でも2007年よりスタートした「特別支援教育」の概念は、インクルージョンの考え方が基になっている。「みんなと共に」と「一人ひとりの教育ニーズに合わせた」教育の実現を目指すようになったのである。

(2)　**個別の指導計画**

　2017年3月31日（2018年4月1日施行予定））に文部科学省から告示された『幼稚園教育要領』の「3保育の計画及び評価　(2)指導計画の作成」の中で、以下のように記載されている。

> キ　障害のある子どもの保育については、一人一人の子どもの発達過程や障害の状況を把握し、適切な環境の下で、障害のある子どもが他の子どもとの生活を通して共に成長できるよう、<u>指導計画の中に位置づけること</u>、また、子どもの状況に応じた保育を実施する観点から、<u>家庭や関係機関と連携した支援のための計画を個別に作成する</u>などの適切な対応を図ること。
> 　　　　　　　　　　　　　　　　　　　（下線部　筆者加筆）

　市町村で、さまざまな個別の記録用紙が考案・作成されて、各ホームページから印刷できる、また、冊子として窓口で配布している場合もある。他に、各園や保育者独自に作成している、という場合もある。

　「個別の指導計画」を作成する際には、子どもの状態・特性、障害の程度、保護者の希望、どんな風に育ってほしいか、「生活、運動、認知・知的、言語・コミュニケーション、対人関係、情緒」などの現状と将来に向けた成長・発達のねらいと願いなども含めて、教職員間で相談して作成したいものである。保育実践後、指導計画について保育カンファレンスを始めとした、PDCAサイクルを実施するのが望ましい。

(3) 特別支援教育コーディネーター

　特別支援教育コーディネーターとは、「特別支援教育の調整をする人、あるいは、特別支援教育に関して間に入ってまとめる人」のことをいう。

　2003年の「今後の特別支援教育の在り方について(最終報告)」において、学校における特別支援教育コーディネーターに初めて言及された。

　公立の小・中学校や特別支援学校では、特別支援教育委員会を設置し、各校で特別支援教育コーディネーターを中心に、障害児の支援等を教職員間で連携して支援する活動が実施されている。

　昨今の保育現場でも、特別支援教育コーディネーターの役割を学んで、障害児や保護者支援に活用していく動向になってきた。小・中学校の特別支援教育コーディネーターの仕事を参考にして、保育現場での特別支援教育コーディネーターとしての役割を、以下にまとめた。

特別支援教育コーディネーターの役割

①	特別なニーズを必要とする子どもの観察・記録保持
②	園内の教職員の連絡調整、職員研修実施
③	保護者向けの相談窓口
④	クラス担任への保育・対応に関する相談支援
⑤	個別の指導計画の作成と実施、PDCDAサイクル実施
⑥	専門家や巡回指導相談、地域や諸機関との連絡・調整
⑦	就学支援と小学校への引継ぎ
⑧	障害児の個人情報管理

出典:筆者作成

　現在、日本では、特別支援教育コーディネーターに関しては法令的な根拠がないため、資格は特別にはない。そのため、各園の園長（所長）、副園長、主任、担任各々が担っていることが多い。コーディネーターの役割を保育者が学んだ上で保育実践ができると、一人ひとりを大切にするインクルーシブ保育が実現できると考えられる。

　公立保育園の研修等で、特別支援教育コーディネーター研修会などが実施されているが、まだ、一般的ではなく課題が多い。早急な研修制度の整備や実施が望まれる。

2 インクルーシブな保育方法と環境整備

(1) 視覚の構造化

障害の種別や程度によって、対応方法は異なる。例えば、肢体不自由の障害には、動作訓練法、理学療法、作業療法、ムーブメント療法などがあり、自閉症スペクトラ

フィンランドで使用されている表情カード（筆者撮影）

ムなどを対象にした支援方法は、TEACCHプログラムや行動療法、感覚統合訓練などが良く知られている。

このTEACCHプログラムは、自閉症スペクトラムやそれに関連する障害のある子どもだけでなく、定型発達している子どもに関しても、視覚教材を通した理解しやすい支援方法である。さまざまな情報をわかりやすく伝えるために「必要な情報に注意が向くように環境を構成する方法」を視覚的に「構造化」している。

保育現場の乳幼児には、「視覚＝見る」ことで理解しやすくなるので、「絵カード」などを使用すると効果的である。この絵カードは、障害の有無や年齢にかかわらず、子どもにわかりやすく理解しやすい方法である。

福祉先進国といわれるフィンランドでは、保育所や小学校を始め、図書館などの至る所で絵カードが表示されている。この絵カードは、障害の有無、年齢や国籍、民族・言語の違い、老若男女に関係なく、誰が見ても理解しやすい教材である。保育実践をするにあたって、大変有効な方法であるので、環境構成の一環として活用したい方法の一つである。

(2) 自己肯定感を高めること

内閣府の平成26年度版子ども白書「特集 今を生きる若者の意識〜国際比較からみえてくるもの〜」の調査で、日本の子どもたちは自己肯定感が諸外国に比べて低い、という結果が出ている。7か国中、自己肯定感が一番高いのがアメリカで86.0％、日本は45.8％と最低値である。障害の有無にかかわらず、自己肯定感が低いのは残念なことである。もちろ

ん、障害があっても家庭や生育環境に恵まれ、自己肯定感が高い人もいるが、障害のある子どもは自己肯定感が低くなりやすい。

　保育者の価値観や考え方によっても異なると思うが、発達障害の子どもの例をあげると、集団行動が苦手で、保育室を飛び出したり、保育者の話を聞くことが難しい場合、保育者から叱られる頻度が高くなる。叱られる事が多いと、障害児が自信を失ったり、周囲の子どもからも注意されたりして、自己肯定感が低くなるのではないか、と懸念される。

　「注意する時は個別に、ほめる時はみんなの前で」を心掛け、障害の有無にかかわらず、子どもの自己肯定感を高め、その子らしく楽しく過ごすことができるよう、保育者の配慮が大切になる。

　以上のように、発達や障害理解、個々の子どもの特性理解に基づいた、環境整備・配慮を実施し、一人ひとりが大切にされる保育実践ができる様工夫していきたいものである。その際に、保護者との協力、教職員間や専門家との連携を図り、協働していくことが重要となる。

【引用・参考文献】

伊藤健次編『新・障害のある子どもの保育』みらい、2013年

ウィリアム・L・ヒューワード著、中野良顕・小野次朗・榊原洋一監訳『特別支援教育』明石書店、2007年

尾野明美編著『保育者のための障害児保育 理解と実践』萌文書林、2016年

榊原洋一『図解よくわかる発達障害の子どもたち』ナツメ社、2011年

厚生労働省『保育所保育指針』わかば社、2017年

嶌田貞子「フィンランドのインクルージョン保育を視察して」日本保育学会会報第156号、2013年

嶌田貞子「保育現場における特別支援教育への取り組み〜幼・保での「特別支援教育コーディネーター」と「個別の指導計画」の実施状況、アンケート調査より〜」東京純心大学紀要第19号、2015年

内閣府『幼保連携型認定こども園教育・保育要領』わかば社、2017年

藤川大祐編『インクルーシブ教育。』学事出版、2016年

文部科学省『幼稚園教育要領』わかば社、2017年

(嶌田貞子)

第11章 家族理解と支援

第1節 障害児の家族の心理を理解する

　障害のある子ども（以下、「障害児」と表記する）を育てていくことは容易なことではない。我が子の「障害」を理解し、その特性を踏まえての子育てをしていかなくてはならない。障害児を育てていく過程で専門職の支援が重要な役割を果たす。保育者は親にとって最も身近な支援者である。保育者はその責務として適切な支援をしていくために、親の心理や家族全体の関係性と心理を理解することが必要である。

　子どもの養育者は実父母、義父母や祖父母の場合など様々である。本章の「親」は実際にその子の養育の中心となる人（保護者）を示す。また障害を抱える子の同胞（兄弟姉妹）を「きょうだい」と表記する。

1 「家族」という集団の意味と保育者の役割

(1) 「家族」という集団の意味

　家族は生まれて最初に所属する最も身近で親密な社会集団である。強い絆で支え合う集団ともなるが、家族員の関係性がこじれると問題は感情的になり、解決に時間がかかる。絆が互いを縛るしがらみともなる。

　人が生きていくために家族もしくは家族に代わる人と場が必要である。どのような家族であれ、個々人のこころに家族は存在する。

(2) 保育者の役割

　子どもの人格形成や発達、人生に家族は大きく影響する。保育者は子どもを理解するだけでなく、家族の関係や家庭の状況をよく知り、心情

を理解し、何がいまその家族に必要か判断していかなくてはならない。

核家族、2世代同居の家族、片親、継父、継母、等々、家族の姿は多様である。親が障害を抱えている家庭もある。保育者は先入観や自分の価値基準にとらわれずに、家族の姿を見ていくことが肝要である。子どもの育ちの基盤は「家庭」という場にある。家族を支援することは子どもの発達を支えることにつながる。家族があることを忘れてはならない。

2 障害児の親と家族の心理

(1) 障害児の親になるということ

諸事情や夫婦の考えにより子どもを授かることを望まない場合以外、妊娠出産は家族にとって喜びであり、幸せであろう。妊娠を知らされた時に、「障害児」という存在を知っていても、生まれてくる我が子が障害児であるということは想定されない。我が子が健康に元気で生まれ、育ってほしい、それは親として自然な願いであり、切実な思いである。それ故に生まれてきた我が子が障害を抱えているという事実を認めることは容易ではない。子どもが生まれてからの生活設計も「健常児」を想定してのものであろう。また育っていく過程で病気や事故などで障害を抱えることも稀ではない。しかしそれは起こり得ないはずの事態であると思われている。思いもよらなかったそのつらい現実にどう向きあっていくかが、家族のその後の在り様やその子の発達や人生を左右していく。

障害児の親になるということは深い喪失体験である。「健常児である我が子」「健常児の親である（あったはずの）自分自身」「健常児の家族」を失うことであり、「障害児の我が子」「障害児の親である自分自身」「障害児のいる家族」を受け入れていかなくてはならない。

(2) 障害児の親のストレス

障害児を育てていくことは容易ではない。精神的にも経済的にも負担は大きく、「障害児・者」への差別や偏見もなくなってはいない。

障害児の親のストレスの要因には下記のようなことが考えられる。

①時間的な余裕のなさ（子どもの世話にかかる時間、医療機関や関係機関への通院や通所などの時間、など）
②経済的な負担の重さ（医療や教育などにかかる費用、子どもの世話で母親が就労することの困難さ、など）
③子育て自体の困難さ（障害理解や対応の難しさ、発達への不安、など）
④子どもの将来への不安、親亡きあとの心配
⑤きょうだいとの関係（きょうだいのストレス、親の負い目、など）
⑥世間の目や親族との関係（社会の偏見や差別、親族からの拒否、など）
⑦我が子へのアンビバレントな感情（愛情と否定や拒否）や自己否定感
⑧親同士の関係（子どもの障害の開示、引け目、孤立感、など）

　親がうつ的になったり、過剰防衛的になったり、地域から孤立するなど、親の不安定な心情は家族に影響し、家族全体が不安定になる。ストレスフルな状況は、離婚や親としての役割放棄、仕事への逃避、きょうだいへの過剰な期待など、家族の危機を招くこともある。

3 障害児のきょうだいの心情

(1) 障害児のきょうだいになるということ

　障害児と健常児のきょうだい関係には、健常児同士のきょうだいとは異なる関係も生じる。きょうだいは「子ども同士」であると同時に、障害児の「支援者」という立場にもなる。その立場を健常児が自然に獲得することもあるが、親の期待に添って身につける（身につけさせられる）こともある。そして他者からも「障害児のきょうだい」というネーミングを付加される。他者が「障害」をどのように捉えているかによって、きょうだいへのまなざしが理解し支えるものか、否定するものか異なる。また障害児のきょうだいであることで、「ひとりの子ども」としてではなく、「障害児のきょうだい」という括弧つきでみられがちともなる。

　親から「小さな支援者」としてみなされると、その役割を果たすことで親から誉められ大事にされ、認められる。しかしそのような役割でし

か親とつながれなくなり、「子ども」としてみてもらえなくなる。障害児ときょうだいは「支援するもの―されるもの」という関係に縛られる。

(2) **きょうだいのストレス**

きょうだいが抱えがちなストレスには以下のものが考えられる。

①障害特性や症状がわからないことから生じるストレス……障害児のパニックや自傷行為をみて驚きや怖さを感じたり、自分のきょうだい（障害児）は歩けるようになるのか、話せるようになるのか、自分も同じように障害をもつのか、障害は自分のせいなのかなど不安になる。

②親の関わり方から生じる不満や不安……親が障害児の世話に追われ、きょうだいに我慢を求めがちになり、放ったままになることもある。年齢よりも早い自立を要求したり、障害児の分まで頑張るように期待を口にしてしまう。きょうだいは親の期待に応えようと頑張り続け、消耗してしまう。いつも「2番目の存在」であると感じたり、「なぜ親の対応が違うのか」「なぜ同じことをしても自分だけ叱られるのか」「頑張っても誉められない」と悩み、自分は愛されていないのではないかと不安や孤独感をもつ場合もある。我慢をしいる親に怒りを感じたり、頑張っていることを認めてほしい、「頑張れ」と言わないでほしいと口に出せずにいる。

③友人との関係での不安や悩み……障害を抱えるきょうだいのことを友達にどのように思われるかという不安。障害児のきょうだいがいることで馬鹿にされないか、仲間外れにされないかという悩み。障害児のいることを隠す、家に友だちを呼べないでいるつらさ。「〇〇のきょうだい」という目で見られ、自分自身は認められていないような淋しさと怒り。障害児のことを隠した（隠したい）という後ろめたさや、恥ずかしいと感じたことで生じる罪悪感や自己嫌悪感、自己否定、などをもつ。

④社会の目……障害児や一緒にいる自分をじろじろみられたり、聞かれたりすることがストレスになったり、またよく面倒を見ていると誉められることが縛りになったり、障害児を否定されていると感じることもある。世間の目によって障害児や家族に否定感をもつこともある。

第2節　障害児の親や家族への支援

1　なぜ支援が重要なのか

　我が子が障害児であることで、親と子、夫婦、子ども同士、きょうだいと親の関係など、家族の関係性は変わってくる。家族としての将来設計も変わってくる。家族だけでは抱えきれない問題や葛藤も生じる。「障害」「障害児・者」への排除や差別、偏見はまだまだ根強く残っている。世間の目も気になるなかで子育てをしていかなくてはならない。障害児をどう育てていけばよいのかもわからず、戸惑いと不安の連続である。

　障害児である我が子を育てるということが苦しみだけになり、将来の見通しがつかなくなると、虐待や心中、子殺しといった悲劇を引き起こしてしまうこともある。子育てのなかに喜びを見出せるように、そしてそのままの我が子を愛し、将来を見据えて子育てしていけるように、他者からの支えや公的な支援が、親にも家族にも必要である。保育者は乳幼児期に親子に最も近しい「支援者」であることを忘れてはならない。

　子育て支援というと親子関係を中心に考えがちであるが、親子の問題は「家族」の問題でもある。「家族」自体のあり方が家族内のそれぞれの関係に影響している。家族をみる視点が必要である。

　母子の過剰な密着や抑うつ状態、漠然とした不安、「子どもが思い通りに育たない」「子どもの気持ちや行動の意味が理解できない」「子どもとだけの生活が息苦しい」など、親子関係としての訴えが、ひとりで子育ての責任を負っているという不満や負担、家族の問題からの逃避、我が子への過剰な期待など、いまの生活での葛藤からであったりする。

　子育てのストレスは「家族」の問題である。母親や母子関係だけの問題ではない。母子関係、父子関係、夫婦関係だけの調整では解決しないことが多い。「家族」に目を向けていかないと根本的な解決は難しい。

障害児保育とは障害児だけを支援する保育ではない。きょうだいの育ちを支えることも保育者の重要な役割である。きょうだいへの支援は、障害児の発達や母親の子育てを支えていくことでもある。

2 親への支援

(1) 親の「障害の受容」への支援

「我が子が障害を抱えている」という現実を認め、受け入れていくこと——「障害の受容」が子育ての大きな課題となる。上田敏（1932～）によると、「障害の受容とはあきらめでも居直りでもなく、障害に対する価値観（感）の転換であり、障害があることが自己の全体としての人間的価値を低下させるものではないことの認識と体得を通じて、恥の意識や劣等感を克服し、積極的な生活態度に転ずることである」[上田、1983]。これは、「障害を受け入れるとは、からだや精神機能の不自由さと人間としての価値は関係がないこと、障害があっても大事な存在であることに気づき、恥と思ったり劣等感をもつことなく、そのままの自分で積極的な気持ちで生活を送り、人生を自分のものとして生きていくことである」と言い換えられよう。障害児の親の「障害の受容」は次の３つの側面をもつ。①「（我が子の）障害自体の受容」、②「障害児である我が子の受容」、③「障害児の親となった自分自身の受容」、である。それは、①我が子の障害特性を理解し、障害に対しネガティブな感情をもたないこと、②我が子をその障害ごと愛し、劣った存在と思わない（感じない）、人として何ら変わらないと感じられること、③自分自身を否定しないこと、である。

「障害児である我が子の受容」と「障害児の親となった自分自身の受容」は一体のものである。我が子を愛しく思えないと親である自分も愛せない。いまの自分を良しと思えなければ、我が子の存在も受け入れられない。「障害」「障害児・者」への排除の意識や偏見などが「受容」を難しくする。親の「障害の受容」を見守り、支えていくことが、障害児を健やかに育てていくためにも欠かせない支援である。

(2) 子育てへの助言

　障害について知識をもっていたり、障害児に関わったことがある親は少ない。子どもの将来はどうなるのか、自分に育てていけるのか、頼れる人はいるのか、行き場はあるのか、治ることはないのかなど、不安や心細さに襲われ、絶望感に捉えられる時期もある。子育てが少しでも不安なくできるように助言をしていくことが大切である。障害特性や地域資源について知識をもっていること、障害児の行為の意味を説明できること、関わりかたを教えられることなどが、保育者に求められる。

3　きょうだいへの支援

　障害児を育てることは心身ともに大変なことである。親はある時期、自分の時間のほとんどを障害児の世話に費やすことを余儀なくされる。家族の生活は障害児を中心にまわっていかざるをえない場合も多い。親がきょうだいに目を向ける余裕がなくなり、きょうだいの淋しさに気がつかないままになることも稀ではない。障害を抱えていてもいなくても、子どもは親の愛情とケアを必要としている。保育の場や家庭でみられるきょうだいの「問題行動」（乱暴な行為、落ち込み、過剰な甘えや理不尽と思われる要求、甘えない、など）や過剰な頑張りや「良い子」の姿はきょうだいが発するSOSである。子どもがふともらす家族の話のなかに、SOSが込められていることもある。言葉にならないSOSに気づくことから支援は始まる。きょうだい関係は親子よりも長く続く関係ともなり、その関係は双方の生活や人生に大きく影響する。

4　相談支援の技術

(1) 「聴き入る」

　少しでも安定した気持ちで子育てが続けていけるように、親の悩みを聴き、不安や孤独感を軽減することが大切な支援のひとつである。
　相談にのるということはただ聴いていれば良いのではない。親の言葉

にしっかり耳を傾け、つらさや不安、怒り、淋しさなど諸々の感情を受けとめていく過程である。親の言うことに納得がいかないことやもどかしさを感じることもある。そうではないと指摘したくなることもある。

しかし相談にのるということは、親の説得や指導をすることではない。親の心情を受け取り、つらさにより添うことである。その場で解決が見出せなくとも、自分はひとりではない、気にかけて助けてくれようとしてくれる人がここにいる、と親が感じられることが「相談支援」である。親が自分の気持ちを話し尽くせるよう、「聴き入る」ことが大切である。

(2) **主体性を尊重する**

「相談支援」は親が自分の気持ちに気づき、自己決定していく過程である。自分で決めたという過程と実感が問題を乗り越えていく力となる。

解決策があるのに躊躇しているようにみえ、助言したくなることもある。親の意向が保育者の考えとは異なることや親の選択が良いものとは思えない時もある。その時にはまず親の気持は認めたうえで、同意できない理由を根気よく伝えていかなくてはならない。親としっかり向きあい、親の気持ちを大事にしつつ、自分の意見をきちんと伝えていく、そのような姿勢をもってほしい。親の主体性を尊重することが重要である。

【引用・参考文献】
上田敏『リハビリテーションを考える―障害者の全人間的復権』青木書店、1983年
全国障害者とともに歩む兄弟姉妹の会編『きょうだいだって愛されたい』東京都社会福祉協議会、2006年
白鳥めぐみ・諏方智広・本間尚史『きょうだい―障害のある家族とのみちのり』中央法規出版、2010年
野辺明子・加部一彦・横尾京子編『障害をもつ子を産むということ―19人の体験』中央法規出版、1999年
野辺明子・加部一彦・横尾京子編『障害をもつ子が育つということ―10家族の体験』中央法規出版、2008年

(関谷眞澄)

第12章 関係機関との連携と協働

第1節 障害のある子どものための施策と関係機関

1 子どもの健やかな育ちのために

　乳幼児期の子どもの発達は個人差も大きく、明確な障害の診断が困難なケースが多々ある。子ども一人ひとりが示す状態像を的確にとらえ、対応していくことが重要である。特に近年の保育現場では「気になる」子どもやその保護者への対応が課題となっている。例えば、未診断でも発達の遅れや偏りが見られる子ども、アレルギー等の疾患を抱える子ども等、保育において特別な支援を要する子どもに対する対応の難しさである。同様に、養育力に課題がある保護者や子どもの育つ家庭そのものが経済的困窮などの生活上の課題を抱えている状況がある。保育所等の保育施設のみでは対応が困難な場合もあり、子どもの育ちと親の子育てを支えるためには、地域のどのような社会資源が親子に必要とされるかをていねいに吟味し、専門的な機関等へつなげ、協働した支援を行うことが求められる。

　保育、教育、療育など子どもの育ちの場においては、子どもたちが抱える個別の発達ニーズに応じた支援が行われることが大切である。特に障害がある子どもに関わる際には、個々の障害特性に応じた関わりが求められることから、保育者や保護者の熱意や努力だけでは、必ずしも有効な働きかけにならないことがある。早期からの適切なサポートは、子どもの発達にプラスに影響することが多く、なにより子ども自身の肯

定感が低下することなく、持っている力を伸ばしながら成長していく機会を得ることにつながる。

障害のある子どもとその家庭が地域社会で生活を送っていくうえで、福祉や保健、医療サービス等の社会資源の存在は重要である。また、子どもの育ちを見通した円滑かつ効果的な支援のためには、それらサービスを提供する関係機関とのつながり、また機関同士の連携と協働が欠かせない。障害のある子どもとその家庭にとって、人生の初期に信頼できる専門機関と出会うことは、子どもたちの健やかな成長発達にとって大きな意味を持つのである。

2 障害のある子どもの保健・福祉に関わる施策と専門機関

(1) 相談支援を行う専門機関

障害のある子どもに対する支援は、出生前から出生後、そして育ちの過程において医療、保健、福祉、保育、教育等に関わるさまざまな機関において行われている。公的機関の代表的な場としては、市町村、保健所、児童相談所、福祉事務所などがあげられる。これらの機関では、障害程度の判定、手帳交付、施設利用や経済援助の申請手続き、子育て支援のための情報提供等、個々のニーズに応じたサービスの調整等を行っている。障害のある子どもの福祉に関連するサービスは、主に居宅サービスにおいては「障害者の日常生活及び社会生活を総合的に支援するための法律」、通所・入所サービスでは「児童福祉法」に基づき提供される。また、2015年度からは、乳幼児期のすべての子どものための子育て支援を地域において推進する「子ども・子育て支援新制度」の下、障害のある子どもに対する事業等が行われており、子どもと家庭への支援にかかわる専門職者は、法や制度に基づいてどの機関がどのような内容のサービスを提供しているかについて、十分な理解が必要とされる。

(2) 障害の予防と発見

子どもの育ちが気になる場合、保護者の多くはかかりつけの小児科や

利用している保育所等へ相談することが考えられる。公的な施策としては、一般に母子保健施策を中心に行われており、①保健指導、②健康診査、③医療援護などが主な柱となる。障害の予防と発見に関しては、妊産婦健康診査および1歳6カ月、3歳児乳幼児健康診査が医療機関や保健センター等で実施され、障害やそのリスクがある場合の一次スクリーニングとして機能している。その後、障害の疑いがあり、フォローアップの必要性がある場合は、医療機関や児童相談所などの機関に紹介され、精密検査の実施、診断、支援へとつながっていくことになる。

(3) 発達支援を行う専門機関

乳幼児期の障害のある子どもの発達支援として、児童福祉施設を中心とした通所・入所施設や、地域の保育所などで行われる障害のある子どもに対する保育がある。児童発達支援など通所支援の利用手続きとしては、まず市町村の窓口へ申請をし、市町村が指定する「指定障害児相談支援事業者」による「障害児利用計画」の作成が行われる。その後、事業者との契約を経て、サービスの開始となる。一方、入所支援については、児童相談所での専門的な判定等を経てからの利用となっている。

障害のある子どもを対象とした通所・入所サービスを**図表12-1**に示した。「障害児通所支援」による乳幼児期の施設支援は、児童発達支援センターもしくは児童発達支援事業のいずれかで実施される。ここでは、保育士・児童指導員をはじめ、理学療法士や作業療法士など複数の専門職種が配置されており、子どもの障害に応じた専門的な知識や技術が提供されている。乳幼児期の子どもの場合、保育所等に入所する前に、これらの支援を受けていたり、また保育所等に入所後も並行通園の形態で利用するケースがある。「保育所等訪問支援」は、保育所等を利用している（または予定がある）障害のある子どもに対する専門的な支援を児童発達支援センター等のスタッフが保育の場を直接訪問し、行う。支援によって、障害のある子どもたちの安定した集団生活の営みがサポートされる。ここでは、障害のある子どもをめぐる円滑な支援のため、療育

と保育の専門職による丁寧な連携・協働が必要とされる。

図表12-1　児童福祉法に基づく障害児の通所・入所支援

障害児通所支援	児童発達支援	日常生活における基本的な動作の指導、知識技能の付与、集団生活への適応訓練等の支援を行う。
	医療型児童発達支援	日常生活における基本的な動作の指導、知識技能の付与、集団生活への適応訓練等の支援及び治療を行う。
	放課後等デイサービス	授業の終了後又は休校日に、児童発達センター等の施設に通わせ、生活能力向上のための必要な訓練、社会との交流促進等の支援を行う。
	保育所等訪問支援	保育所等を訪問し、障害児に対して、障害児以外の児童との集団生活への適応のための専門的な支援などを行う。
障害児入所支援	福祉型障害児入所施設	施設に通所している障害児に対して、保護、日常生活の指導及び知識技能の付与を行う。
	医療型障害児入所施設	施設に入所又は指定医療機関に入院している障害児に対して、保護、日常生活の指導及び知識技能の付与並びに治療を行う。

出典：[厚生労働省ホームページ「障害児支援施策の概要」より一部改変し筆者作成

　一方、保育所等ではインクルーシブ保育が行われている。インクルーシブ保育は、障害等のある子どもが個々に応じた必要なサポートを受けつつ、定型発達の子どもとともに保育を受ける形態である。集団生活を送る保育所では、障害の有無にかかわらず、子ども同士の育ち合いを期待することができ、関係機関と円滑な協働が行われることにより、子どもが育つ地域社会において、子どもの発達を促進させる役割を担っている。また、保育現場で蓄積された経験やさまざまな子どもたちとの共同生活で培われた保育士の専門性により、子どもの障害あるいはそのリスクを発見しやすい特徴をもっている。保育所は障害の発見から支援に至る初めの専門的な入り口としての機能を有しており、子どもと保護者への支援を行う上で重要な社会資源であるといえる。

第2節 関係機関との連携と協働の実際

1 保育所等と地域の専門機関との連携と相談支援

(1) 専門職による巡回・訪問型相談支援

　子どもの障害に関わる専門職が保育所等に対し、専門的な知識や技術を提供しながら連携を行う方法として「障害児（者）地域療育等支援事業」、「巡回相談（指導）」や既述した「保育所等訪問支援事業」がある。これらは子どもの生活の場である保育所等へ専門家が出向き、そこで保育者と保育実践に関する協議を行うスタイルである。保育所等訪問支援では前者の巡回相談事業等と比較し、①保護者の申請に基づく実施であり保護者の権利が保障される、②施設のみならず子どもへの直接支援が行われる、③義務的経費で実施されるため、地域格差が生じにくい等のメリットがあるとされ、今後の障害児支援のあり方の一つとして普及が目指されている。

　いずれの方法においても、専門職が子どものアセスメントを行うことで、保育に必要な配慮や対応に関する助言を得ることができ、保育者は保育現場で発達支援が必要な子どもに対する具体的なアプローチの方策をとることができる。

(2) 連携・協働の具体的方法

　障害のある子どもの中には、地域の療育施設と保育所など発達支援が行われる場を並行して利用しているケースがある。このような場合、それぞれの施設が支援に関する共通理解を図り、成長発達のプロセスなど子どもや保護者についての必要な情報を共有することが大切となる。

　連携や協働の具体的な方法は、文書や電話、あるいはクラス担任などによる直接的な話し合いなどが考えられる。それぞれの保育・療育を通した子どもの変化や支援目標を協議することは、子どもに対する効果的

な支援につながり、また子育てを担う保護者にとっても重要な支えになる。一方で、子どもや家庭の個人情報を扱うことへの留意を忘れず、支援に必要な情報であるかどうか、また保護者の了承を得られているかなど、慎重な行動が必要とされる。連携・協働には、関係者間の信頼関係の構築が重要である。

2 就学に向けた連携と協働

年長クラスになると子どもの就学に向けて、関係機関との連携・協働が必要となる。障害のある子どもの就学先の決定については、市町村教育委員会に、就学指導委員会が設置されている。ここでは、就学に関する情報提供が行われ、子どもと保護者の意見を最大限に尊重し、必要な支援についての合意形成が図られ、最終的に市町村教育委員会が障害のある子どもの就学先を決定するしくみになっている。

保育所等と学校の連携としては、保護者の同意を得たうえで、子どもに関する必要な情報を小学校に伝える。また、学校側に保育所等を訪問する機会をもってもらい、子どもの様子を直接観察することや、保護者が入学予定の小学校を訪れ、教員や特別支援コーディネーター等と面談し、子どもについて協議の場をもつなどの対応も考えられる。保育所等から小学校への入学は、子どもにとって非常に大きな環境の変化となる。ストレスを最小限に留め、子どもが学校生活へとスムーズに移行できるよう、ていねいな事前準備と関係者間の情報共有が求められる。

3 関係機関との円滑な連携と協働に向けて

(1) 地域ネットワークの構築

障害のある子どもに関係する地域の社会資源は、児童相談所、市町村、施設支援等のフォーマルなサービスだけではなく、子どもや保護者のニーズに応じて利用できる公的機関以外のインフォーマルサービスがある。例えば、地域住民の福祉を担う社会福祉協議会や、障害のある子ど

もとその保護者を支えるボランティア団体、NPO法人による活動、また障害児者の当事者会や家族会などがあげられる。地域の多様な機関や団体等が連携・協働することのメリットの一つは、情報の共有による支援の一貫性の確保にある。地域を拠点とした支援は充実が目指されており、各機関・団体がもつ固有の役割を活かし、効果的な支援を行うことが期待されている。そのためにはこれら社会資源をつなぐ、地域ネットワークが構築、維持されていることが重要となる。

また、円滑な連携と協働に際して、まずそれぞれの機関や施設内において連携協働の必要性が認識され、外部機関とのネットワークを紡ぐためのはたらきかけに対する努力が求められる。障害のある子どもと保護者が利用できる社会資源として、地域にどのような場所やサービス等があるか、また誰が保護者や機関間のコーディネートを図るかなど、日頃から連携協働体制を整えておくことが必要である。

(2) インクルーシブな視点からみる協働・連携のこれから

さまざまな配慮を要する子どもに対し、ニーズに応じたサポートとともに保育を行っていくインクルーシブ保育の概念が認知されつつあるように、保育現場では「障害」に限定されない特別な配慮を要する子どもや保護者支援が課題となっている。保育現場ではこのような場合、保育所等だけでの対応ではなく、関係機関との連携が必要とされる。近年では「保育ソーシャルワーク」として、保育現場においてソーシャルワーク知識や技術を援用することの有効性が主張され、保育とソーシャルワーク両方の専門性を活用した理論や実践検討が始められている。保育所等の保育者が関係機関との連絡調整を中心的に担うことは現状では困難な側面もあるが、保育所等において発達支援のニーズが早期に発見され、またスムーズに支援へつなげていくための橋渡しを行うコーディネーターの役割を明確化し、組織や地域レベルで養成していくことが乳幼児期の子育て支援の充実として重要ではないかと考える。

また、上述のように育ちのニーズが多様化しているいま、子どもと保

護者による子育てを総合的に支援する視点が不可欠となる。2015年4月より、すべての子どもと子育て家庭への支援を掲げた「子ども・子育て支援新制度」が施行された。子ども・子育て支援法では「一人一人の子どもが健やかに成長することができる社会の実現に寄与する」ことを目的に、国、都道府県、市町村をはじめとした、多様な支援主体が重層的に子どもたちの育ちを支えることが明記されており、これに基づき市町村は地域の実情に応じた子育て支援事業計画に従い、子ども・子育て家庭を対象とする事業を実施することとなっている。このように、障害のある子どもをふくめ、乳幼児期の子どもの支援施策は地域において一元的かつ包括的に実施される方向にある。時代の要請に応じ、それぞれの育ちのニーズに応じた効果的な支援に向け、関係機関における今後の連携・協働のあり方について地域単位で検討を深めていくことが求められている。

【引用・参考文献】

上野一彦監修、酒井幸子、中野圭『ケース別発達障害のある子へのサポート実例集 幼稚園・保育園編』ナツメ社、2016年

厚生労働省「障害児支援施策の概要」
　　< http://www.mhlw.go.jp/stf/seisakunitsuite/bunya/0000117218.html >
　　（2017.11.20最終アクセス）

日本保育ソーシャルワーク学会編『保育ソーシャルワーカーのおしごとガイドブック』風鳴舎、2017年

一般社団法人全国児童発達支援協会「保育所等訪問支援の効果的な実施を図るための手引書」2017年3月<http://www.mhlw.go.jp/stf/seisakunitsuite/bunya/0000117218.html>　（2017.11.20最終アクセス）

山本佳代子「保育所を中心とした地域連携の現状と実践的課題―保育ソーシャルワークの観点から」『山口県立大学学術情報』7、2014年、pp..105-120

（山本佳代子）

第13章 障害児の理解と支援

第1節 「個別の指導計画」の意義

1 障害のある子どもの保育で求められる個別の計画

　幼稚園教育要領、保育所保育指針、認定こども園教育・保育要領では障害のある子どもの保育にあたり、「個別の計画」を作成するよう示されている（幼稚園教育要領　第1章第5.1、保育所保育指針第1章3（2）キ、幼保連携型認定こども園教育・保育要領　第1章第2.3（1））。園の保育課程・教育課程をふまえつつ、子どもの実態に合わせた「個別の計画」を作成し、保育を行うことが大切である。

　幼稚園教育要領、保育所保育指針、幼保連携型認定こども園教育・保育要領では個別の計画として「個別の教育支援計画」「個別の教育および保育支援計画」「個別の指導計画」という用語が用いられている。それぞれの違いは次の通りである。

　まず、乳幼児期から学校卒業後までの長期的な視点に立って、医療、保健、福祉、教育、労働等の関係機関が連携して、障害のある子ども一人ひとりのニーズに対応した支援を効果的に実施するための計画を「個別の支援計画」と呼ぶ。「個別の支援計画」は地域と家庭で連携して作成する。「個別の支援計画」を幼稚園・学校などの教育機関が中心となって作成する場合には、それを「個別の教育支援計画」と呼び、幼保連携型認定こども園が作成する場合は「個別の教育および保育支援計画」と呼ぶ。次に、それぞれの園や学校で、子ども一人ひとりのニーズ

に応じて具体的な支援を行うために作成される計画を「個別の指導計画」と呼ぶ。「個別の支援計画」が生涯にわたる計画であるのに対し、「個別の指導計画」は、子どもが通う園や学校で行われる支援についての計画となる。「個別の指導計画」は「個別の支援計画」をふまえて、保護者と連携のもと、保育者が作成する。

2 「個別の指導計画」の様式

一般的な「個別の指導計画」（図表13-1）では、「子どもの姿（実態）」、実態に応じた「目標」、目標を達成するための「手立て」、「評価」を、保護者の願いもふまえて記入する。様式は定まったものはなく、計画の期間も、年間計画、学期ごとの計画、月案、週案など、様々である。

3 「個別の指導計画」を作成する良さ

「個別の指導計画」を作成することには様々な良さがある。

第一に、計画の作成を通して、子どもの姿をより細やかに見ることができる。子どもの姿を改めて整理してみると、それまで見えていなかった部分に気づかされ、よりきめ細やかな支援につながる。

第二に、一貫した支援が可能になる。「個別の指導計画」を共有することにより、園のすべての職員がその子にどのような関わりをすればよいか共通理解でき、職員によって対応の仕方が異なるということがなくなる。

第三に、保護者とのよい連携のきっかけになる。「個別の指導計画」を作成するために保育者は保護者に、「卒園までにどのような育ちをしてほしいか」、または「将来どんな大人に成長して欲しいか」を話してもらう機会を作る。願いを共有し「個別の指導計画」に反映させることで、保護者に園での支援に興味を持ってもらうことができ、また、園での支援に合わせた関わりを家庭でも行ってもらいやすくなる。

第四に、保育の質が向上する。保育者が立てた目標や手立てのよかっ

図表13-1 「個別の指導計画」様式例

クラス＿＿＿ 名前＿＿＿＿＿ （作成者＿＿＿＿＿＿）			
今年度の目標 （長期目標）			
保護者の願い			
計画の期間	○年○月○日～○年○月○日		
項目	子どもの姿	目標 （短期目標）	手立て	評価
（例）生活習慣				
（例）言語				
（例）人間関係				

出典：筆者作成

たところ・改善すべきところについて具体的に振り返ることができ、よりよい保育実践が可能となる。

第2節 「個別の指導計画」の作成

1 計画の期間と項目

「個別の指導計画」を立てる際、まず計画の期間を決める。年間計画、学期毎の計画、月案、週案など様々な期間で計画は作成できる。園全体・クラス全体の年間計画に照らし合わせながら「個別の年間指導計画」を

第13章● 障害児の理解と支援

作成し、1年間で育ってほしい姿をイメージするのもよい。学期毎に計画を立てると、目標や手立てがより具体的になり、子どもの育ちをとらえやすい。運動会や音楽会などの行事前は週単位の計画を作成し、行事に向けた目標・手立てを明確にすることもできる。

「個別の指導計画」は「保育を組み立てる軸」と「子どもの発達を見る軸」を組み合わせて計画を立てる［酒井・田中、2013］。

「保育を組み立てる軸」には4つの項目がある。観察など日々の保育から見えてくる「子どもの姿（実態）」、実態に応じ計画の期間内に達成したい「目標」、目標を達成するための「手立て」、そして計画の期間の最後に記入する「評価」の4つである。

「子どもの発達を見る軸」は、子どもの姿（実態）をよりていねいに把握するために、発達の領域などを参考に項目を設定したものである。項目の例としては、生活習慣、運動、操作、言葉（理解）、言葉（表出）、社会性（対子ども）（対大人）などがある。また5領域「健康」「人間関係」「環境」「言葉」「表現」を発達の軸とすることもできる。それぞれの項目について、子どもの姿（実態）を整理するところから「個別の指導計画」を作成していくと作りやすい。

また、保育所保育指針等にそれぞれ「幼児期の終わりまでに育ってほしい姿」として示されている、ア健康な心と体、イ自立心、ウ協同性、エ道徳性・規範意識の芽生え、オ社会生活との関わり、カ思考力の芽生え、キ自然との関わり・生命尊重、ク数量や図形、標識や文字などへの関心・感覚、ケ言葉による伝えあい、コ豊かな感性と表現を、項目として用いることもできるだろう。項目は子どもの実態にあわせて、必要な項目を追加したり、必要ない項目は削除したりしながら、柔軟に設定する。

2　子どもの姿（実態）

項目が決まったら、それぞれの子どもの姿を整理してみる。例えば「生活習慣」という項目では、その子の食事・排泄・着脱などについて、で

きることや良さ、課題や気になるところを記入する。「運動」等の項目についても同様に、できることや良さ、課題や気になるところを整理してみる。子どもの姿が記入できない、わからないという場合は、その項目について、翌日以降に改めて子どもの様子を観察し、記入する。

3　目標

捉えた「子どもの姿（実態）」に基づいて「目標」を立てる。目標には長期目標と短期目標がある。長期目標は、1年後もしくは卒園時までに達成することを目指したもので、子どもの姿に基づきながら、保護者の願いや保育者の願いを反映させて立てる。

短期目標は「個別の指導計画」の期間に合わせ、その期間内に達成を目指す目標である。長期目標を達成するために、スモールステップで設定した小さな目標と捉えることもできる。

目標を立てる際の留意点を3つ挙げる。1つめは、具体的な目標を立てることである。例えば「表現活動を楽しむ」という目標はより具体的に「クレヨンで絵を描く活動を楽しむ」とした方が、目標とする子どもの姿が明確になりやすく、具体的な支援を行いやすい。2つめは、目標の数を多くしすぎないことである。たくさんの課題を克服することを目指した保育は、子どもに負担になる。今のその子にとって一番必要なことは何かを見極め、大切なものから目標にするとよい。3つめは、目標を十分に小さくすることである。子どもの実態に合わない高すぎる目標を立て、「目標を達成できなかった」という体験が重なると子どもの自己肯定感の低下につながる。十分達成可能な目標をスモールステップで設定することが大切である。

4　手立て

目標を達成するために、保育者はどのように支援するか、手立てを決める。例えば生活習慣について、手指の力が弱くスプーンを落とすこと

とが多いという子どもの実態があったら、目標としては、「食事の際、スプーンをしっかり握って、自分で食べ物を口に運ぶ」などが設定できる。これを達成するための手立てとしては例えば「スプーンを落とさないように保育者が身体的に支援し、少しずつ保育者の支援の度合いを減らしていく（最初はしっかり子どもの手を握って支援する、次は手を触る程度にする、その次は手に触れず手をそばに添えるだけにする、その次は、保育者は手を出さず近くで見守る）」という支援を行うことができる。

また「手遊び（『グーチョキパーで何作ろう』など）を通して手指の力をつける」という支援を手立てとすることもできる。手立てを決める際、最初は保育者が十分に手を貸して支援し、子どもの成長にともなって支援を徐々にと少なくして自立を促す、という視点が大切である。

5 クラスの月案・日案に「個別の指導計画」を反映

「個別の指導計画」において、子どもの目標・手立てが決まったら、その後は計画に基づき保育実践を行う。インクルーシブ保育の場面ではクラス全体の月案や日案に、個別の支援が必要な子どもの、その活動における個別の目標、手立て（配慮）をあらかじめ加えておくとよい。「個別の指導計画」で立てた目標に合わせて日々の活動でもあらかじめ「A君個別の目標・手立て」を計画しておくと、よりきめ細やかな保育を行うことができる。

第3節 記録・評価

1 記録の大切さ

「個別の指導計画」の期間の最後に「評価」を記入する。子どもは毎日成長をとげ、その様子は日々変化するため、定めた期間の終わりにだけ評

価を行うのではなく、日々、子どもの様子を観察・記録・評価する。日々の子どもの様子を記録に残しておくと、計画の期間の最後に「評価」を記入する際に役立てることができる。

2 記録の方法

(1) 日誌

子どもの様子を日誌形式で記録する。その日の子どもの様子を記録するだけでなく、その日の目標（クラスの日案に加えた個別の目標〈第2節5項参照〉など）とそれに対する子どもの様子を記録するとよい。

(2) エピソード記述

鯨岡ら［2007］が提案する「エピソード記述」を用いて保育者自身が心を揺さぶられた「エピソード」を記録するのもよい。エピソード記述はのちに読み返して自分の保育を振り返ったり、他の保育者に読んでもらって意見交換したりするなど、自分の保育を深めるのにも役立つ。

(3) ＡＢＣ分析

応用行動分析の考え方に基づいたＡＢＣ分析［小笠原、2010］とは、気になる行動が見られた時の状況について、行動が起こった「きっかけ(Antecedent)」、「行動(Behavior)」の内容、行動に対する「結果および周囲の対応(Consequence)」を記録するものである。この3つを記録しておくとなぜその行動が起こったかを分析していくのに役立つ。

3 「個別の指導計画」の評価

「個別の指導計画」の期間の終わりには必ず、評価・ふり返りを行い、それをふまえて、次の期間の「個別の指導計画」を作成する。

「個別の指導計画」を評価する際、子どもの成長を指標とすることができる。できるようになったこと、挑戦したことなどを、子どもの育ちを喜ぶ視点で評価する。立てた目標はどのぐらい達成できたのかという視点で評価することもできる。

また、子どもの成長を評価する方法として、発達検査を用いることもできる。例えば『KIDS乳幼児発達スケール』は運動・言語など９つの項目の発達年齢がわかる質問紙検査である。この検査を「個別の指導計画」作成前と期間終了後に行い結果を比べると、子どもの成長の様子をより客観的に知ることができる。

　子どもの成長をより客観的に評価する方法に「データ記録とグラフ」がある。仁科・遠藤［2018］は「頑張りシール」を用いて不適応行動を減らすという支援を行い、不適応行動の回数を毎日データとして記録し、その変化をグラフに示し評価した。データ記録とグラフは、子どもの成長を具体的に評価するのに役立つ方法である

　子どもの成長の評価に加え、「保育」の評価も重要である。「個別の指導計画」で立てた「目標」は子どもにとって適切なものだったか、「手立て」は子どもの姿にあっていたか、などの視点で保育実践を評価する。もしも子どもの成長があまり見られなかった場合は、「目標」が高すぎたのかもしれないし、適切な「手立て」で子どもと関われていなかったのかもしれない。自身の保育を振り返り、次の「個別の指導計画」をよりよいものにするために「保育」の評価を行うことが大切である。

【引用・参考文献】
　　小笠原恵編著『発達障害のある子の「行動問題」解決ケーススタディ　やさしく学べる応用行動分析』中央法規出版、2010年
　　鯨岡峻・鯨岡和子『保育のためのエピソード記述入門』ミネルヴァ書房、2007年
　　酒井幸子・田中康雄監修・執筆『発達が気になる子の個別の指導計画』学研プラス、2013年
　　仁科綾菜・遠藤清香「保育現場における気になる子への支援－トークンエコノミー法を活用した不適応行動の改善－」『山梨学院短期大学紀要』37、2018年、pp.101〜111

（遠藤清香）

第14章　障害児保育の実際

第1節　保育実践事例

1　入園前の状況を把握する

　入園前に当園以外の所に所属していた場合は、その時の障害児の様子を紙面により把握しておくことが重要である。

　また、入園前に障害児の様子を直接観察できればさせて頂くことが肝要である。

　障害児の連絡会議では、担当の支援員の方から障害児の様子や、気を付けたいこと等を直接聞いて記録して置くことが、その後の支援の目安になるので大切である。また、質問事項は会議の前に紙面にてまとめておくことが必要である。障害児を初めて担当する保育者は分からないことや不安があるので、園長や主任や先輩保育者に保育の方法を聴いておくことも必要である。

2　把握したい項目

　障害児を担当する前に把握したい項目は以下の通りである。但し、保育集団に入る前に障害児である診断が下されていない場合は、①②③④⑤⑥⑦⑩⑫について把握しておく必要がある。また、障害児と診断されていなくても、入園してから個別支援が必要な園児がいる場合は、⑫の保護者の意向は聞くことはできないので注意が必要である。

　つまり、入園する際に、障害児と診断されている場合と、いない場合

により対応が違ってくるので、園と担当保育者側はその子どもの状況に合わせて適切な対応をすることが求められる。

従って、園と担当保育者は該当児のケースに応じて必要な項目を活用し、記載することになる。

プロフィール等

①名前 ②年齢 ③生年月日 ④障害名
⑤家庭状況（続柄・保護者の職業・家族構成・家族の健康状況）
⑥特記事項（経済状況・教育的関心・教育環境）、（家族・親戚の障害の有無）、（本人との続柄）
⑦生育暦（妊娠中の母体・出産児の異常の有無と概要・障害等の原因と思われること）
⑧障害児手帳取得の状況（身体障害者手帳・療育手帳）
⑨医療（療育）相談や専門家による診断結果や行動観察記録
　医療機関名（受信料）等・年月日・所見・診断結果等
⑩障害（気になること）の骨子　（基本的生活習慣・集団生活や人間関係・理解面・身体運動面・言語能力・家庭環境・その他）
⑪諸検査等（知能検査・語彙検査・生活能力検査等）
⑫保護者の意向

第2節 クラス運営

1 障害児を担当する心構え

保育（教育）は、保育者が子どもをどのように見取り、どのように保育をおこなって行くのかを見極める所から始まる。入園前から障害児として診断されている子どもと、診断されていないが明らかに健常児と行動や反応が異なる園児もいる。

しかし保育者側からすると、障害児と診断されていようがいまいが、子ども達と信頼関係を構築することが第一の課題である。その構築の仕方は、子どもが園は安心でき、楽しい所であることを感覚として分かることである。
　つまり園では、何をしても分かって貰える保育者と、子どもが楽しく遊べる仲間と、遊び場（空間）と、遊ぶ時間を提供できることである。
　保育者は、障害児の障害の状態に合わせ、焦らず、ゆっくり、根気よく、繰り返し関わり、状況を見取り、正確に分析し保育（教育）を行うことである。また、保護者には子どもの様子を伝えつつ、両者で課題を共有しながら支援をし、更に関係機関との連携も図り、三者で課題を共有しながら支援を展開して行くことが大切である。

2　健常児と障害児の見分け方

　障害児や支援の必要な子どもは、他の子とは違う動きや反応をするのですぐに分かる。その症状としては、意味もなく動き回る、異常なほど動かない、よく喋る、全く喋らない、奇声を発する、オウム返しの言葉を使う、指示に従えない、触ってはいけない物に触るなど、殆どの生活場面において自分本位で、その場の雰囲気を読めない自分の世界を生きている状態を露出している。つまり、自己中心的な行動と反応をしている。
　従って、保育者はこのようにクラスの中で、健常児と障害児は異なる行動と反応をするので、障害児であることが把握できる。

3　保護者と関係機関との連携

　保育者は保護者の意向を尊重しながら、診断結果を解読し、他の支援機関との連携に従い保育（教育）を展開する。その後保育者は、障害児と関わりながら、その様子を親に随時変化のあった時には伝え、保護者とよりそいながら人間関係も構築しつつ、障害児との信頼関係も構築することが大切である。

保育者は4月に障害児を担当してから3カ月位生活を共にしてくると、親の考えと関係機関の方向性と、障害児の状況の把握が十分に構築されてくる。そこで保育者は、親の考えを再度確認しながら、保育者（園側）の考えを伝え、両者の考えのすり合わせをし、障害児の支援に当たっていくことである。

　つまり、保育者は時折保護者との話し合いを設定しながら支援を進めていくことになる。なお、必要に応じて関係機関との連携も取って支援を展開して行くことも重要である。

　保育者は上記のサイクルを繰り返しながら、障害児の保育（教育）支援をおこなっていくのである。

第3節　集団の中で育てる

1　保育者の関わり方

　保育者の関わり方の基本は、健常児と障害児の両者が共に育って行く統合保育形態の基、「どの子も両者の影響を受けて育つ」をクラス運営の目標として掲げて行くことである。

　支援方法は2通りある。それは子どもの課題や自由に遊んでいる状況に対してその状況を捉え「言葉」だけで支援する方法と、「絵と言葉」を媒介にする方法がある。

　保育内容では毎日行う日課と、集団生活をするための基本的生活習慣（着脱・排泄・食事・睡眠・身辺の始末）と、遊びのルールと決まりをルーティン化することである。

　「言葉」は、保育者が子ども達に行って欲しいことをその場で伝えていく方法で、一般的に行われている保育方法である。

　「絵（写真）カード」は、保育者が子ども達の見える保育室内に掲示しておくことである。障害児によっては、「絵カード」をリングに留めておいて、

障害児が何をしていいのか分からなくなった時に「絵（写真）カード」を見せて行動させる。

　子ども達の発達段階から考えると、言葉だけの指示による保育支援方法よりも、絵と言葉の両方の支援方法が、子ども達には理解しやすく行動もしやすいと言える。

　子ども達は、概ね下記のような日課で保育所生活をしている。

　『8：30　登園、自由遊び・10：00　課題（絵を描く・プール遊びなど）・11：30　給食・12：30　午睡・14：30　おやつ・16：00　降園』

　保育者はこれらの日課を中心に据えながら、子ども達が保育者の指示に従い、自主的に遊びを創り出す。基本的生活習慣（着脱・排泄・食事・睡眠・身辺の始末）が自立を育むことが大切である。

　基本的生活習慣においては、保育者は子どもが一人でできるようになるまでその子どもについていて、繰り返し言葉を掛けながら具体的に支援をする。保護者にも協力を求めながら行うことが肝要である。毎日同じことをすることが子どもには一番分かりやすいので、必ず日課を崩さないように支援することが重要である。

　筆者は障害児を担当し始めた時点の当初の4月は、危険性が発生しない限り、規制をしないで障害児の動き、友達関係、遊びの種類、基本的生活習慣を把握し、褒めることと次の行動を促す言葉掛けを巧みにさり気なく支援をしている。すると子ども達は3カ月位経過すると、落ち着いて行動ができるようになる。

　言葉掛けは、子どもの呼吸のリズムと言語レベルに合わせながら穏やかに掛けることが基本である。言葉掛けの内容は、障害児の行動したことと、発したこと、特に要求に関する言葉掛けについては、必ず応答することが必要である。それは、障害児と保育者の信頼関係を構築する一番の早道である。回り道のように感じるかもしれないが、「急がば回れ」と言う言葉があるように、丁寧に一つひとつ確実に障害児の要求を聴き、対応することが大切である。これらの言葉掛けを媒介に、保育者と障害者の関係に心身

ともに位置づける経路を意図的に構築し、障害児は保育者が安心できる心の基地であると感じ、更に保育者が拠り所として常に保育環境の中にあるという思いを作ることが絶対必要である。
　次に障害児の行動への褒め言葉を多く支援する。その内訳は、「凄いね。よく考えたね。気がつくことは凄い。自分で考えたの。珍しいものを見つけたね」など、障害児が保育者に自分は認められていると言う自信を持てるように言葉掛けをする。
　注意をする時の言葉掛けは、危険性を伴う状況の時には、説明するのではなく、すぐに「ダメ。危ない。やってはいけない」と一言で伝える。
　障害児のやっていることで友達の顔を引っ掻いたり、叩いたり、砂を掛けたり、棒で叩いたり、石を投げたりした時には、「お友だちが嫌がっている時には、やりたくてもやってはいけない。お友だちに迷惑のかかることをしてはいけない」ことをその場ですぐに伝える。
　皆と同じ行動ができない場合は、保育者は様子を見ながらもう少し時間が必要だと思えば、障害児が皆と同じことができるその時まで待つことが大切である。
　皆の前で自己紹介をする活動では、初めは発することは出来ないが、時間をかけて繰り返し自己紹介の場面を設定すること、行うことで必ず出来るようになってくる。その方法は、保育者が「必ず出来る」の信念を持ちながら、他の出来ている子ども達と同じように自分もできる雰囲気の環境に包みながらテンポよく「貴方もできる」の思いを言葉に乗せて、障害児が自分で自己紹介が出来るように支援をして行く必要がある。
　障害児が自分でできる活動については、例えば絵が上手で好きな場合は、「上手だね。この色はきれいだね」など、良いと所をどんどん褒めて保育者と障害児の信頼関係を築いて行くことである。その方法のポイントは、障害児が気分良く絵を描いているその後で、「こんなに上手に描ける〇〇ちゃんが、お友だちのところを叩かないよね」と、改めて欲しいところを何気なくサラリと伝える支援方法が大切である。

奇声を発する子には、保育者と障害児の人間関係が構築されてから、「今の声の出し方は、喉が壊れちゃうよ、止めてね」を障害児が発した時に必ず伝える。その場面で何を障害児はどのように表現しているのかを伝え、直せることは直してもらうようにする。

　またオウム返しをする子には、「うれしい、うれしい。たのしい、たのしい」や友達がフラフラと集団から外れると障害児も同じように外れる真似をする時がある。このような時には、お互いの信頼関係が構築してからは、「今はうるさいので言わないでね」、「今は本を読んで貰っている時だから動かないで、お友だちと一緒の所にいてね」と、障害児を友達と同じ場所に座るように伝えると、やがて障害児は理解して一人でできるようになってくる。

　つまり保育者は、日々の園生活の保育（教育）環境の中で、障害児へ「貴方を見守っているよ」の思いと「言葉」を媒介に信頼関係を構築し、次に障害児に言葉のシャワーのように褒め言葉を浴びせ、必ず「できるようになる」の信念を持って、次の行動を獲得すると、生活がしやすくなるような言葉掛けを支援していくことで障害児が発達していくのである。

2 記録の記載方法

　記録は障害児の状態と、それを支える保育者の支援方法の日々の振り返りとして、使用するために記載するものである。また記録は、親や関係機関との話し合いの時も使用するものである。

　記録の方法は、紙面記述記載と写真やビデオで撮る方法の2種類ある。その両者の使用目的は、その時の障害児の状況に合わせて使い分ける必要がある。

　記録の内容は、保育者が障害児の支援をしていて変化のあった事実、保育者が気づいたことや、考察したことを客観的に見取り記載することが大切である。

　保育者は障害児がつまずいている課題を設定し、そのことについてどの

ように支援をし、その結果どのようになったのか詳細に記録をすることである。その目標の設定は一人ひとりの障害児の様子により異なるが、ハードルを高くすると乗り越えるのに大変なため、プチ目標を設定することが大切である。

　また、行動観察記録用紙の項目は、下記のように定めておくことも必要である。障害児の様子を時系列に見て行くことで、成長発達の経緯が具体的に理解しやすく、更に分析も正確にできる源となる。

　またこれらの記録は、親や関係機関との話し合いの時に具体的に提示できる資料となり、第三者が共有するために便利な媒体となるものである。更に障害児が卒園し、小学校に入学した後もこれらの記録された資料は活用されるものとなる。

　つまり、記録こそ障害児の支援方法としてなくてはならない重要なものである。

行動観察記録の項目

① 基本的生活習慣「食事・排泄・衣服の着脱・睡眠・片付け」
② 身体運動　③言語理解　④言語表現　⑤文字　⑥数
⑦対人関係　⑧集団参加　⑨遊び　⑩指示反応　⑪性格・情緒

【引用・参考文献】
　塩尻市教育支援委員会　『就学教育相談カード（未就学児童用)』2017年
　寺島明子『入園説明会』資料「近自然的環境保育」自然ランドバンバン、
　　2017年
　寺島明子『夏休みの過ごし方』のプリント「近自然的環境保育」自然ランドバンバン、2017年

（寺島明子）

第15章　障害児保育の質を高めるために

第1節　保育者の専門性

1　保育者の役割

　幼稚園や児童福祉施設での生活場面の中で子どもの障害・行動特徴への具体的な発達支援をするのは、保育者の役割である。保育者は、0～18歳までの子ども一人ひとりの発達課題やニーズに対して直接支援を行う。合わせて、地域で専門機関と連携しながら複合支援を行う専門職である。また、子どもが心身ともに発達していくためには、親の存在は欠かせないため、保護者の状況や状態に応じた支援が必要である。その中でも、特に乳幼児期の障害のある子を育てる母親は、多くの心理的危機に陥るため、最も手厚い支援が必要である。そこで、障害のある子どもや家族の生活に最も身近で関わる保育者は、障害特性や支援方法に関する理解を深め、子どもへの支援を通して保護者の子育てを支える役割を担っているのである。

2　障害児保育に求められる専門性

(1)　発達の理解と発達支援

　ウェルナー（Werner,H 1890～1964）によると、発達は、「生命が環境との相互交渉を通してさまざまに機能や構造を分化・統合し、機能的により有能に、構造的により複雑な存在になっていくこと」である。人は、非常に未熟な状態で誕生し、長い期間をかけて成熟していく。その発達

には段階があり、段階によって異なる発達課題がある。また発達には、「順序性」「方向性」などの原則もあり、さらに「臨界期」という限定された時期に獲得しなければならないことなど、発達段階や課題に合わせた保育士による支援は、非常に重要である。そして、障害のある子どもの発達支援には「短期的な変化」だけではなく、長期的な展望を持ちながら、支援を検討していくことも大切である。そのため保育者にとって、発達に関する知識の獲得は欠かせないのである。

また発達は、輻輳説が唱えられており個人の変化だけではなく、環境からの影響を強く受ける。特に、障害のある子どもへの発達支援は、子どもの能力維持や能力向上の個人の発展的変化だけではなく、保護者や家族との関わりも重視する。特に乳幼児期は、生活の基礎を固め、子どもたちの個性が養われる大切な時期であり、保育者の意図的な関わりや環境構成が発達に大きく影響を及ぼすことを常に意識しなければならない。

(2) **活動運営に関する専門性**

保育活動は、集団で行われることが多い。その集団に参加する子どもたちは、定型発達の子どもたちの集団に障害児が含まれる場合と、児童発達支援（療育）のように、3名～10名程度の子どもたちが「母子分離（子どもたちのみ参加）」又は「母子通園（親子で参加）」の障害の種類や発達年齢・発達課題に応じたグループで活動に参加する場合がある。この活動を運営するには、子どもの発達課題を正確な基準や根拠に基づくデータから設定し、発達的ニーズを捉えた小集団を編成する専門性が求められる。さらに、子どものこだわり行動や新しい課題の芽生え反応などのかすかなサインを見逃さない観察眼により、子どもや保護者の行動に着目して分析的視点からの仮説設定が重要である。そのうえで、子ども同士や親子の関係性を複眼的に捉えることや、子どもの課題に応じた教材を選択・作成するなどの専門性が求められる。

(3) **障害児保育を支えるシステムに関する専門性**

子どもの支援を検討する際には、「生活全体を捉える視点」が必要で

ある。そして乳幼児期の子どもと家族の生活全体を支えるために、地域のネットワーク構築と他機関との連携を通じた総合的な支援を展開させていく必要がある。

　障害のある子どもへの支援は、障害の「発見」や「診断」から開始されるばかりではなく、「発達的特徴の気づき」「支援ニーズ」「子育てに不安」を感じたタイミングでも即座に開始されなければならない。そのため、保育所や児童福祉施設での生活場面での支援と、その他に各機関の専門的支援が必要とされることがある。

　そこで保育者は、障害のある子どもに対する重層的・継続的発達支援システムについて、生活する地域の状況を充分に把握しなければならない。単独での支援で完結させるのではなく、メゾ・マクロレベルの社会的視点からの支援の検討も有益である。つまり、関連多領域の連携機関と「つながる」・「ネットワークを構築する」専門性により、連続性や複合性のある支援を展開することが可能となる。それゆえ保育者には、地域の障害のある子どもを支援するシステムに関する理解が求められるのである。

第2節　保育記録および評価

1　記録というツール

(1) 保育記録に求められること

　保育者は、子どもの実態や子どもを取り巻く状況の変化などに即して保育の過程を記録するとともに、これらを踏まえ、指導計画に基づく保育の内容の見直しを行い、改善を図ることが求められている。そのため保育記録には、保育実践の経過・支援内容、環境構成などの記録が不可欠である。この保育記録により、生活の中で子どもの反応や変化を連続的・発展的に捉えことができる。そのためには日々の保育の実践を通して、保育を振り

返る重要なツールとなるよう記録する技術を高めることが大切となる。

(2) 保育を記録する利点

保育記録は、障害のある子どもの保育を展開する時の①情報の共有化、②関わる者の視点の統一、③客観的な保育内容の統一［安梅、2009］に役立つ。障害のある子どもは、地域の保育園等に在籍しながら、並行して児童発達支援（療育）や病院（リハビリテーションも含む）等の複数の専門機関から同時に支援されることが多い。その場合に、保育記録は各自の支援内容や支援目的を共有し、各専門機関の支援過程や介入ポイントの確認に役立つ。また、保育記録をコミュニケーションツールとして活用し、多職種とのカンファレンスから生まれる新たな省察を得ることや保護者への説明する責任を果たす時にも役立つ。さらに、保育の場面での行動上の問題に取り組む時には、記録から事実を整理することや不足している情報を収集できるため、記録から得られる利点は多いのである。

2　行動面の指導

(1) 行動を記録する

障害のある子どもの保育場面での直接支援は、保育者としての専門性の本質である。特に、集団や個別での行動面の指導において、「PDCAサイクルに基づく循環型アプローチ」［肥後、2013］で取り組むことは、支援の質の向上につながる。そのため行動を記録する時には、「主観的な認識」ではなく「客観的な事実」による「可視できる事実」を記録す

図表15-1　行動を記録するときの配慮点

項目	内容
主観的な認識	保育者自身のとらえや考え 例：○○だろう、○○と思う、○○と推測する
客観的な事実	2者以上で確認ができる実際に起こっている事柄 例：離席すると保育者が迎えにいき、「座りましょう」と声をかけた

出典：筆者作成

ることは有益である（**図表15-1**）。

(2) **記録に基づくPDCAサイクル**

記録から得られた根拠に基づき指導を行うには、まず具体的な指導計画を立てる（Plan）ことから始まる。この時に「しっかり」「ちゃんと」「たくさん」などの抽象的で変化が測定しづらい目標ではなく、具体的で観察と実行がしやすい目標を設定することが大切である。次に、実際に「望ましい行動をつくる」「不適切な行動を減らす」「代替行動へ移行」のための観察と取り組み(Do)を行う。そして、目標に対する評価（Check）と改善（Action）を行う。

3　保育の評価

(1) **有効な支援の評価**

保育の後、保育実践に対する評価を行う。この時に、実践目的に合致した妥当性のある評価を行う必要がある。評価は、「物事の一側面を捉えているに過ぎないが、実践に役立つものであれば支援の道具として多いに価値があるもの」[安梅、2009]である。評価者によって評価がバラつかないように、評価ポイントの共有と明確化、保育者の評価スキルを確保し、共通した基準に基づいて子どもたちの発達段階や課題を評価できることが求められる。

(2) **評価の領域**

評価は、得たい根拠や情報により、「子ども」と「環境」の視点から行われる。「子ども」の評価には、発達的視点は欠かせない。障害のある子どもの発達には個人差があり、「運動」「社会性」「言語」の遅れや偏りについて評価し、支援へつなげる。一方「環境」の評価では、育児環境や保育環境について、人的・物的な視点から評価することで、子どもを取り巻く（家族・地域・専門機関）状況について多角的に把握する。このお互いの評価を生かすことで、子どもへの保育を連続的・複合的に捉えることができる。

第3節 保育カンファレンスと省察

1 保育カンファレンス

(1) 保育カンファレンスとは

保育カンファレンスは、「保育の資質を向上させ、保育実践を改善するもの」[森上、1996]として、多くの園で行われている。また、「保育カンファレンスは、保育の内容や方法に関する課題解決だけでなく、特に障害のある子どもやその家族の支援、課題解決を図る場のひとつでもある」[七木田、2008]。

(2) 相談者を支援する（インシデントプロセス）

保育カンファレンスで最も重要なことは、相談者である保育者を支援することである。保育カンファレンスのメンバーは、対象のケースやテーマに関わる多領域の専門家・関係者や、園内の保育者同士で構成される場合など、保育カンファレンスの目的によって異なる。また保育カンファレンスは、保育者としてのキャリア歴や障害のある子どもの支援領域が異なる中で行われる。そのため、参加メンバーは、対象になるケースやテーマに関して「専門的な知識がある／ない」や「詳しくない」といった基準や意見を持ち出さない。その理由は、専門性や知識の豊富さだけが保育カンファレンスに必要な意見ではなく、現在の立場や経験からの視点やアイディアから、取り組み可能な支援を生み出し具体的な方向性を共有することが重要だからである。そのためには、保育カンファレンス内で、決して相談者である保育者を批判してはならない。もし「自分自身が相談者なら」といった視点で意見交換を行うことは、保育カンファレンスが問題解決の場としての生産性を高めるだけではなく、ネットワーク構築や学習の場としての価値も育むことができるのである。

(3) 保育カンファレンスのルールと展開

　実際に保育カンファレンスを行うにあたり、構成メンバーの選出と役割を決める必要がある。特に司会は、時間と参加者の発言に配慮しながら進行しなければならない。発言量が多すぎることや、独断的な意見を持つメンバーがカンファレンスの中心となることなく、全メンバーの発言を引き出す役割を担っている。また、展開は、しばしば「メンバーが集合したこと」や「状況の確認と共有をしたこと」が結果的にゴールとなっている場合がある。多忙な業務において貴重な時間を用いて取り組むので、開始時に生産性のある展開になるように目的と時間設定を全メンバーで共有することは重要である。そして、必要となる情報を収集し事実の確認を行う。それから問題点を探り、絞ることで、具体的な支援内容や課題解決を行う。この流れで、メンバーの役割と共通認識ができるように、保育カンファレンスが展開されることが望ましい。

2　省察を深めるために

(1) スーパーバイザー・メンターの存在

　省察を深めるには、事例検討や他者と交流することはとても有益である。また、障害のある子どもに対する支援の専門性が発達する過程では、職員は心理的な揺らぎを必ず経験することが多く、保育者の発達段階と心理的状況に合わせた「サポート」を行う必要がある。さらに、保育者が新たな段階に挑戦する時には、障害のある子どもに対する支援の技術的・心理的なウォーミングアップ期間を設定することで、専門性は向上すると考えられる。

　そこで、障害のある子どもへの保育におけるスーパーバイザーやメンターは「保育者の心理・精神的サポート」、「保育者の段階に合わせたサポート」、「チーム支援、協働、パートナーシップへのサポート」「保育実践に関する専門性へのサポート」、「ミクロレベルでの保育者の専門性向上のサポート」に効果を発揮し、省察を深めてくれる。

(2) 専門領域を「高めること」と「広げること」

　保育者の省察を深めるには、専門領域を「高めること」と「広げること」が必要となる。

　そこで、保育者として専門領域を高めるためには、障害のある子どもへの支援の「体験知」を重ねながら、専門領域の研修で「知識」を獲得する。知識は、現象を裏付ける力を持っていることから、学びつづけることは、保育者としての専門性を高める取り組みとなる。

　また、関係機関との事例検討等を通じた多様な支援方法・価値の認識、意見交流による外部からの刺激や交流、コミュニケーションによる多様で多角的な視座を育むことで、保育者としての専門性を広げる取り組みとなる。この、双方の取り組みを系統的・段階的に学習ができる体制を築くことは、保育者全体の専門性を向上させ上質な保育実践を支える重要なシステムとなる。

【引用・参考文献】

安梅勅江『保育パワーアップ講座』日本小児医事出版社、2009年

厚生労働省「保育所保育指針」〈http://www.mhlw.go.jp/file/06-Seisakujouhou-11900000-Koyoukintoujidoukateikyoku/0000160000.pdf〉(2017/10/20最終アクセス)

七木田敦『キーワードで学ぶ障害児入門』保育出版社、2008年、p66－69.

肥後祥治「行動面の指導」一般社団法人特別支援教育士資格認定協会『S.E.N.S養成セミナー特別支援教育の理恵音と実践第2版』金剛出版、2013年、PP180-194.

森上史郎「保育を開くためのカンファレンス」『発達』(68)ミネルヴァ書房、1996年PP1－4.

（有村玲香）

付録（関連資料）

◎幼稚園教育要領(平成29年 文部科学省 告示) ── 抜粋

第2章　ねらい及び内容
　健　康
　人間関係
　環　境
　言　葉
　表　現

◎保育所保育指針(平成29年 厚生労働省 告示) ── 抜粋

第2章　保育の内容
1　乳児保育に関わるねらい及び内容
　(1) 基本的事項
　(2) ねらい及び内容
　(3) 保育の実施に関わる配慮事項

2　1歳以上3歳未満児の保育に関わるねらい及び内容
　(1) 基本的事項
　(2) ねらい及び内容
　　ア　健康
　　イ　人間関係
　　ウ　環境
　　エ　言葉
　　オ　表現
　(3) 保育の実施に関わる配慮事項

〔注〕「保育所保育指針」第2章所収の＜3 3歳以上の保育に関わるねらい及び内容＞
　　については、「幼稚園教育要領」第2章とほぼ同様の内容なので、掲載していない。
　　上記「要領」第2章を参照されたい。

◎幼稚園教育要領——抜粋
（平成29年　文部科学省 告示）

第2章　ねらい及び内容

健康
〔健康な心と体を育て、自ら健康で安全な生活をつくり出す力を養う。〕

1　ねらい
(1) 明るく伸び伸びと行動し、充実感を味わう。
(2) 自分の体を十分に動かし、進んで運動しようとする。
(3) 健康、安全な生活に必要な習慣や態度を身に付け、見通しをもって行動する。

2　内容
(1) 先生や友達と触れ合い、安定感をもって行動する。
(2) いろいろな遊びの中で十分に体を動かす。
(3) 進んで戸外で遊ぶ。
(4) 様々な活動に親しみ、楽しんで取り組む。
(5) 先生や友達と食べることを楽しみ、食べ物への興味や関心をもつ。
(6) 健康な生活のリズムを身に付ける。
(7) 身の回りを清潔にし、衣服の着脱、食事、排泄などの生活に必要な活動を自分でする。
(8) 幼稚園における生活の仕方を知り、自分たちで生活の場を整えながら見通しをもって行動する。
(9) 自分の健康に関心をもち、病気の予防などに必要な活動を進んで行う。
(10) 危険な場所、危険な遊び方、災害時などの行動の仕方が分かり、安全に気を付けて行動する。

3　内容の取扱い
上記の取扱いに当たっては、次の事項に留意する必要がある。
(1) 心と体の健康は、相互に密接な関連があるものであることを踏まえ、幼児が教師や他の幼児との温かい触れ合いの中で自己の存在感や充実感を味わうことなどを基盤として、しなやかな心と体の発達を促すこと。特に、十分に体を動かす気持ちよさを体験し、自ら体を動かそうとする意欲が育つようにすること。
(2) 様々な遊びの中で、幼児が興味や関心、能力に応じて全身を使って活動することにより、体を動かす楽しさを味わい、自分の体を大切にしようとする気持ちが育つようにすること。その際、多様な動きを経験する中で、体の動きを調整するようにすること。
(3) 自然の中で伸び伸びと体を動かして遊ぶことにより、体の諸機能の発達が促されることに留意し、幼児の興味や関心が戸外にも向くようにすること。その際、幼児の動線に配慮した園庭や遊具の配置などを工夫すること。
(4) 健康な心と体を育てるためには食育を通じた望ましい食習慣の形成が大切であることを踏まえ、幼児の食生活の実情に配慮し、和やかな雰囲気の中で教師や他の幼児と食べる喜びや楽しさを味わったり、様々な食べ物への興味や関心をもったりするなどし、食の大切さに気付き、進んで食べようとする気持ちが育つようにすること。
(5) 基本的な生活習慣の形成に当たっては、家庭での生活経験に配慮し、幼児の自立心を育て、幼児が他の幼児と関わりながら主体的な活動を展開する中で、生活に必要な習慣を身に付け、次第に見通しをもって行動できるようにすること。

(6) 安全に関する指導に当たっては、情緒の安定を図り、遊びを通して安全についての構えを身に付け、危険な場所や事物などが分かり、安全についての理解を深めるようにすること。また、交通安全の習慣を身に付けるようにするとともに、避難訓練などを通して、災害などの緊急時に適切な行動がとれるようにすること。

人間関係

〔他の人々と親しみ、支え合って生活するために、自立心を育て、人と関わる力を養う。〕

1 ねらい

(1) 幼稚園生活を楽しみ、自分の力で行動することの充実感を味わう。
(2) 身近な人と親しみ、関わりを深め、工夫したり、協力したりして一緒に活動する楽しさを味わい、愛情や信頼感をもつ。
(3) 社会生活における望ましい習慣や態度を身に付ける。

2 内容

(1) 先生や友達と共に過ごすことの喜びを味わう。
(2) 自分で考え、自分で行動する。
(3) 自分でできることは自分でする。
(4) いろいろな遊びを楽しみながら物事をやり遂げようとする気持ちをもつ。
(5) 友達と積極的に関わりながら喜びや悲しみを共感し合う。
(6) 自分の思ったことを相手に伝え、相手の思っていることに気付く。
(7) 友達のよさに気付き、一緒に活動する楽しさを味わう。
(8) 友達と楽しく活動する中で、共通の目的を見いだし、工夫したり、協力したりなどする。
(9) よいことや悪いことがあることに気付き、考えながら行動する。
(10) 友達との関わりを深め、思いやりをもつ。
(11) 友達と楽しく生活する中できまりの大切さに気付き、守ろうとする。
(12) 共同の遊具や用具を大切にし、皆で使う。
(13) 高齢者をはじめ地域の人々などの自分の生活に関係の深いいろいろな人に親しみをもつ。

3 内容の取扱い

上記の取扱いに当たっては、次の事項に留意する必要がある。

(1) 教師との信頼関係に支えられて自分自身の生活を確立していくことが人と関わる基盤となることを考慮し、幼児が自ら周囲に働き掛けることにより多様な感情を体験し、試行錯誤しながら諦めずにやり遂げることの達成感や、前向きな見通しをもって自分の力で行うことの充実感を味わうことができるよう、幼児の行動を見守りながら適切な援助を行うようにすること。
(2) 一人一人を生かした集団を形成しながら人と関わる力を育てていくようにすること。その際、集団の生活の中で、幼児が自己を発揮し、教師や他の幼児に認められる体験をし、自分のよさや特徴に気付き、自信をもって行動できるようにすること。
(3) 幼児が互いに関わりを深め、協同して遊ぶようになるため、自ら行動する力を育てるようにするとともに、他の幼児と試行錯誤しながら活動を展開する楽しさや共通の目的が実現する喜びを味わうことができるようにすること。
(4) 道徳性の芽生えを培うに当たっては、基本的な生活習慣の形成を図るとともに、幼児が他の幼児との関わりの中で他人の存在に気付き、相手を尊重する気持ちをもって行動できるようにし、また、自然

や身近な動植物に親しむことなどを通して豊かな心情が育つようにすること。特に、人に対する信頼感や思いやりの気持ちは、葛藤やつまずきをも体験し、それらを乗り越えることにより次第に芽生えてくることに配慮すること。
(5) 集団の生活を通して、幼児が人との関わりを深め、規範意識の芽生えが培われることを考慮し、幼児が教師との信頼関係に支えられて自己を発揮する中で、互いに思いを主張し、折り合いを付ける体験をし、きまりの必要性などに気付き、自分の気持ちを調整する力が育つようにすること。
(6) 高齢者をはじめ地域の人々などの自分の生活に関係の深いいろいろな人と触れ合い、自分の感情や意志を表現しながら共に楽しみ、共感し合う体験を通して、これらの人々などに親しみをもち、人と関わることの楽しさや人の役に立つ喜びを味わうことができるようにすること。また、生活を通して親や祖父母などの家族の愛情に気付き、家族を大切にしようとする気持ちが育つようにすること。

環境

〔周囲の様々な環境に好奇心や探究心をもって関わり、それらを生活に取り入れていこうとする力を養う。〕

1 ねらい

(1) 身近な環境に親しみ、自然と触れ合う中で様々な事象に興味や関心をもつ。
(2) 身近な環境に自分から関わり、発見を楽しんだり、考えたりし、それを生活に取り入れようとする。
(3) 身近な事象を見たり、考えたり、扱ったりする中で、物の性質や数量、文字などに対する感覚を豊かにする。

2 内容

(1) 自然に触れて生活し、その大きさ、美しさ、不思議さなどに気付く。
(2) 生活の中で、様々な物に触れ、その性質や仕組みに興味や関心をもつ。
(3) 季節により自然や人間の生活に変化のあることに気付く。
(4) 自然などの身近な事象に関心をもち、取り入れて遊ぶ。
(5) 身近な動植物に親しみをもって接し、生命の尊さに気付き、いたわったり、大切にしたりする。
(6) 日常生活の中で、我が国や地域社会における様々な文化や伝統に親しむ。
(7) 身近な物を大切にする。
(8) 身近な物や遊具に興味をもって関わり、自分なりに比べたり、関連付けたりしながら考えたり、試したりして工夫して遊ぶ。
(9) 日常生活の中で数量や図形などに関心をもつ。
(10) 日常生活の中で簡単な標識や文字などに関心をもつ。
(11) 生活に関係の深い情報や施設などに興味や関心をもつ。
(12) 幼稚園内外の行事において国旗に親しむ。

3 内容の取扱い

上記の取扱いに当たっては、次の事項に留意する必要がある。
(1) 幼児が、遊びの中で周囲の環境と関わり、次第に周囲の世界に好奇心を抱き、その意味や操作の仕方に関心をもち、物事の法則性に気付き、自分なりに考えることができるようになる過程を大切にすること。また、他の幼児の考えなどに触れて新しい考えを生み出す喜びや楽しさを味わい、自分の考えをよりよいものにしようとする気持ちが育つようにすること。

(2) 幼児期において自然のもつ意味は大きく、自然の大きさ、美しさ、不思議さなどに直接触れる体験を通して、幼児の心が安らぎ、豊かな感情、好奇心、思考力、表現力の基礎が培われることを踏まえ、幼児が自然との関わりを深めることができるよう工夫すること。
(3) 身近な事象や動植物に対する感動を伝え合い、共感し合うことなどを通して自分から関わろうとする意欲を育てるとともに、様々な関わり方を通してそれらに対する親しみや畏敬の念、生命を大切にする気持ち、公共心、探究心などが養われるようにすること。
(4) 文化や伝統に親しむ際には、正月や節句など我が国の伝統的な行事、国歌、唱歌、わらべうたや我が国の伝統的な遊びに親しんだり、異なる文化に触れる活動に親しんだりすることを通じて、社会とのつながりの意識や国際理解の意識の芽生えなどが養われるようにすること。
(5) 数量や文字などに関しては、日常生活の中で幼児自身の必要感に基づく体験を大切にし、数量や文字などに関する興味や関心、感覚が養われるようにすること。

言葉

〔経験したことや考えたことなどを自分なりの言葉で表現し、相手の話す言葉を聞こうとする意欲や態度を育て、言葉に対する感覚や言葉で表現する力を養う。〕

1 ねらい
(1) 自分の気持ちを言葉で表現する楽しさを味わう。
(2) 人の言葉や話などをよく聞き、自分の経験したことや考えたことを話し、伝え合う喜びを味わう。
(3) 日常生活に必要な言葉が分かるようになるとともに、絵本や物語などに親しみ、言葉に対する感覚を豊かにし、先生や友達と心を通わせる。

2 内容
(1) 先生や友達の言葉や話に興味や関心をもち、親しみをもって聞いたり、話したりする。
(2) したり、見たり、聞いたり、感じたり、考えたりなどしたことを自分なりに言葉で表現する。
(3) したいこと、してほしいことを言葉で表現したり、分からないことを尋ねたりする。
(4) 人の話を注意して聞き、相手に分かるように話す。
(5) 生活の中で必要な言葉が分かり、使う。
(6) 親しみをもって日常の挨拶をする。
(7) 生活の中で言葉の楽しさや美しさに気付く。
(8) いろいろな体験を通じてイメージや言葉を豊かにする。
(9) 絵本や物語などに親しみ、興味をもって聞き、想像をする楽しさを味わう。
(10) 日常生活の中で、文字などで伝える楽しさを味わう。

3 内容の取扱い
上記の取扱いに当たっては、次の事項に留意する必要がある。
(1) 言葉は、身近な人に親しみをもって接し、自分の感情や意志などを伝え、それに相手が応答し、その言葉を聞くことを通して次第に獲得されていくものであることを考慮して、幼児が教師や他の幼児と関わることにより心を動かされるような体験をし、言葉を交わす喜びを味わえるようにすること。
(2) 幼児が自分の思いを言葉で伝えるとともに、教師や他の幼児などの話を興味をもって注意して聞くことを通して次第に話を理解するようになっていき、言葉に

よる伝え合いができるようにすること。
(3) 絵本や物語などで、その内容と自分の経験とを結び付けたり、想像を巡らせたりするなど、楽しみを十分に味わうことによって、次第に豊かなイメージをもち、言葉に対する感覚が養われるようにすること。
(4) 幼児が生活の中で、言葉の響きやリズム、新しい言葉や表現などに触れ、これらを使う楽しさを味わえるようにすること。その際、絵本や物語に親しんだり、言葉遊びなどをしたりすることを通して、言葉が豊かになるようにすること。
(5) 幼児が日常生活の中で、文字などを使いながら思ったことや考えたことを伝える喜びや楽しさを味わい、文字に対する興味や関心をもつようにすること。

表現

〔感じたことや考えたことを自分なりに表現することを通して、豊かな感性や表現する力を養い、創造性を豊かにする。〕

1 ねらい
(1) いろいろなものの美しさなどに対する豊かな感性をもつ。
(2) 感じたことや考えたことを自分なりに表現して楽しむ。
(3) 生活の中でイメージを豊かにし、様々な表現を楽しむ。

2 内容
(1) 生活の中で様々な音、形、色、手触り、動きなどに気付いたり、感じたりするなどして楽しむ。
(2) 生活の中で美しいものや心を動かす出来事に触れ、イメージを豊かにする。
(3) 様々な出来事の中で、感動したことを伝え合う楽しさを味わう。
(4) 感じたこと、考えたことなどを音や動きなどで表現したり、自由にかいたり、つくったりなどする。
(5) いろいろな素材に親しみ、工夫して遊ぶ。
(6) 音楽に親しみ、歌を歌ったり、簡単なリズム楽器を使ったりなどする楽しさを味わう。
(7) かいたり、つくったりすることを楽しみ、遊びに使ったり、飾ったりなどする。
(8) 自分のイメージを動きや言葉などで表現したり、演じて遊んだりするなどの楽しさを味わう。

3 内容の取扱い
上記の取扱いに当たっては、次の事項に留意する必要がある。
(1) 豊かな感性は、身近な環境と十分に関わる中で美しいもの、優れたもの、心を動かす出来事などに出会い、そこから得た感動を他の幼児や教師と共有し、様々に表現することなどを通して養われるようにすること。その際、風の音や雨の音、身近にある草や花の形や色など自然の中にある音、形、色などに気付くようにすること。
(2) 幼児の自己表現は素朴な形で行われることが多いので、教師はそのような表現を受容し、幼児自身の表現しようとする意欲を受け止めて、幼児が生活の中で幼児らしい様々な表現を楽しむことができるようにすること。
(3) 生活経験や発達に応じ、自ら様々な表現を楽しみ、表現する意欲を十分に発揮させることができるように、遊具や用具などを整えたり、様々な素材や表現の仕方に親しんだり、他の幼児の表現に触れられるよう配慮したりし、表現する過程を大切にして自己表現を楽しめるように工夫すること。

◎保育所保育指針──抜粋
(平成29年　厚生労働省 告示)

第2章　ねらい及び内容

1　乳児保育に関わるねらい及び内容

(1)　基本的事項

ア　乳児期の発達については、視覚、聴覚などの感覚や、座る、はう、歩くなどの運動機能が著しく発達し、特定の大人との応答的な関わりを通じて、情緒的な絆が形成されるといった特徴がある。これらの発達の特徴を踏まえて、乳児保育は、愛情豊かに、応答的に行われることが特に必要である。

イ　本項においては、この時期の発達の特徴を踏まえ、乳児保育の「ねらい」及び「内容」については、身体的発達に関する視点「健やかに伸び伸びと育つ」、社会的発達に関する視点「身近な人と気持ちが通じ合う」及び精神的発達に関する視点「身近なものと関わり感性が育つ」としてまとめ、示している。

ウ　本項の各視点において示す保育の内容は、第1章の2に示された養護における「生命の保持」及び「情緒の安定」に関わる保育の内容と、一体となって展開されるものであることに留意が必要である。

(2)　ねらい及び内容

ア　健やかに伸び伸びと育つ

健康な心と体を育て、自ら健康で安全な生活をつくり出す力の基盤を培う。

(ア) ねらい

① 身体感覚が育ち、快適な環境に心地よさを感じる。

② 伸び伸びと体を動かし、はう、歩くなどの運動をしようとする。

③ 食事、睡眠等の生活のリズムの感覚が芽生える。

(イ)　内容

① 保育士等の愛情豊かな受容の下で、生理的・心理的欲求を満たし、心地よく生活をする。

② 一人一人の発育に応じて、はう、立つ、歩くなど、十分に体を動かす。

③ 個人差に応じて授乳を行い、離乳を進めていく中で、様々な食品に少しずつ慣れ、食べることを楽しむ。

④ 一人一人の生活のリズムに応じて、安全な環境の下で十分に午睡をする。

⑤ おむつ交換や衣服の着脱などを通じて、清潔になることの心地よさを感じる。

(ウ)　内容の取扱い

上記の取扱いに当たっては、次の事項に留意する必要がある。

① 心と体の健康は、相互に密接な関連があるものであることを踏まえ、温かい触れ合いの中で、心と体の発達を促すこと。特に、寝返り、お座り、はいはい、つかまり立ち、伝い歩きなど、発育に応じて、遊びの中で体を動かす機会を十分に確保し、自ら体を動かそうとする意欲が育つようにすること。

② 健康な心と体を育てるためには望ましい食習慣の形成が重要であることを踏まえ、離乳食が完了期へと徐々に移行する中で、様々な食品に慣れるようにするとともに、和やかな雰囲気の中で食べる喜びや楽しさを味わい、進んで食べようとする気持ちが育つようにすること。なお、食物アレルギーのある子どもへの対応については、嘱託医等の指示や協力の下に適切に

対応すること。

イ　身近な人と気持ちが通じ合う

受容的・応答的な関わりの下で、何かを伝えようとする意欲や身近な大人との信頼関係を育て、人と関わる力の基盤を培う。

（ア）ねらい

① 安心できる関係の下で、身近な人と共に過ごす喜びを感じる。

② 体の動きや表情、発声等により、保育士等と気持ちを通わせようとする。

③ 身近な人と親しみ、関わりを深め、愛情や信頼感が芽生える。

（イ）内容

① 子どもからの働きかけを踏まえた、応答的な触れ合いや言葉がけによって、欲求が満たされ、安定感をもって過ごす。

② 体の動きや表情、発声、喃語（なん）等を優しく受け止めてもらい、保育士等とのやり取りを楽しむ。

③ 生活や遊びの中で、自分の身近な人の存在に気付き、親しみの気持ちを表す。

④ 保育士等による語りかけや歌いかけ、発声や喃語（なん）等への応答を通じて、言葉の理解や発語の意欲が育つ。

⑤ 温かく、受容的な関わりを通じて、自分を肯定する気持ちが芽生える。

（ウ）内容の取扱い

上記の取扱いに当たっては、次の事項に留意する必要がある。

① 保育士等との信頼関係に支えられて生活を確立していくことが人と関わる基盤となることを考慮して、子どもの多様な感情を受け止め、温かく受容的・応答的に関わり、一人一人に応じた適切な援助を行うようにすること。

② 身近な人に親しみをもって接し、自分の感情などを表し、それに相手が応答する言葉を聞くことを通して、次第に言葉が獲得されていくことを考慮して、楽しい雰囲気の中での保育士等との関わり合いを大切にし、ゆっくりと優しく話しかけるなど、積極的に言葉のやり取りを楽しむことができるようにすること。

ウ　身近なものと関わり感性が育つ

身近な環境に興味や好奇心をもって関わり、感じたことや考えたことを表現する力の基盤を培う。

（ア）ねらい

① 身の回りのものに親しみ、様々なものに興味や関心をもつ。

② 見る、触れる、探索するなど、身近な環境に自分から関わろうとする。

③ 身体の諸感覚による認識が豊かになり、表情や手足、体の動き等で表現する。

（イ）内容

① 身近な生活用具、玩具や絵本などが用意された中で、身の回りのものに対する興味や好奇心をもつ。

② 生活や遊びの中で様々なものに触れ、音、形、色、手触りなどに気付き、感覚の働きを豊かにする。

③ 保育士等と一緒に様々な色彩や形のものや絵本などを見る。

④ 玩具や身の回りのものを、つまむ、つかむ、たたく、引っ張るなど、手や指を使って遊ぶ。

⑤ 保育士等のあやし遊びに機嫌よく応じたり、歌やリズムに合わせて手足や体を動かして楽しんだりする。

（ウ）内容の取扱い

上記の取扱いに当たっては、次の事項に留意する必要がある。

① 玩具などは、音質、形、色、大きさなど子どもの発達状態に応じて適切なもの

を選び、その時々の子どもの興味や関心を踏まえるなど、遊びを通して感覚の発達が促されるものとなるように工夫すること。なお、安全な環境の下で、子どもが探索意欲を満たして自由に遊べるよう、身の回りのものについては、常に十分な点検を行うこと。

② 乳児期においては、表情、発声、体の動きなどで、感情を表現することが多いことから、これらの表現しようとする意欲を積極的に受け止めて、子どもが様々な活動を楽しむことを通して表現が豊かになるようにすること。

(3) 保育の実施に関わる配慮事項

ア 乳児は疾病への抵抗力が弱く、心身の機能の未熟さに伴う疾病の発生が多いことから、一人一人の発育及び発達状態や健康状態についての適切な判断に基づく保健的な対応を行うこと。

イ 一人一人の子どもの生育歴の違いに留意しつつ、欲求を適切に満たし、特定の保育士が応答的に関わるように努めること。

ウ 乳児保育に関わる職員間の連携や嘱託医との連携を図り、第3章に示す事項を踏まえ、適切に対応すること。栄養士及び看護師等が配置されている場合は、その専門性を生かした対応を図ること。

エ 保護者との信頼関係を築きながら保育を進めるとともに、保護者からの相談に応じ、保護者への支援に努めていくこと。

オ 担当の保育士が替わる場合には、子どものそれまでの生育歴や発達過程に留意し、職員間で協力して対応すること。

2 1歳以上3歳未満児の保育に関わるねらい及び内容

(1) 基本的事項

ア この時期においては、歩き始めから、歩く、走る、跳ぶなどへと、基本的な運動機能が次第に発達し、排泄の自立のための身体的機能も整うようになる。つまむ、めくるなどの指先の機能も発達し、食事、衣類の着脱なども、保育士等の援助の下で自分で行うようになる。発声も明瞭になり、語彙も増加し、自分の意思や欲求を言葉で表出できるようになる。このように自分でできることが増えてくる時期であることから、保育士等は、子どもの生活の安定を図りながら、自分でしようとする気持ちを尊重し、温かく見守るとともに、愛情豊かに、応答的に関わることが必要である。

イ 本項においては、この時期の発達の特徴を踏まえ、保育の「ねらい」及び「内容」について、心身の健康に関する領域「健康」、人との関わりに関する領域「人間関係」、身近な環境との関わりに関する領域「環境」、言葉の獲得に関する領域「言葉」及び感性と表現に関する領域「表現」としてまとめ、示している。

ウ 本項の各領域において示す保育の内容は、第1章の2に示された養護における「生命の保持」及び「情緒の安定」に関わる保育の内容と、一体となって展開されるものであることに留意が必要である。

(2) ねらい及び内容
ア 健康
健康な心と体を育て、自ら健康で安全な生活をつくり出す力を養う。

(ア) ねらい
① 明るく伸び伸びと生活し、自分から体を動かすことを楽しむ。
② 自分の体を十分に動かし、様々な動きをしようとする。
③ 健康、安全な生活に必要な習慣に気付き、自分でしてみようとする気持ちが育つ。

(イ) 内容
① 保育士等の愛情豊かな受容の下で、安定感をもって生活をする。
② 食事や午睡、遊びと休息など、保育所における生活のリズムが形成される。
③ 走る、跳ぶ、登る、押す、引っ張るなど全身を使う遊びを楽しむ。
④ 様々な食品や調理形態に慣れ、ゆったりとした雰囲気の中で食事や間食を楽しむ。
⑤ 身の回りを清潔に保つ心地よさを感じ、その習慣が少しずつ身に付く。
⑥ 保育士等の助けを借りながら、衣類の着脱を自分でしようとする。
⑦ 便器での排泄に慣れ、自分で排泄ができるようになる。

(ウ) 内容の取扱い
上記の取扱いに当たっては、次の事項に留意する必要がある。
① 心と体の健康は、相互に密接な関連があるものであることを踏まえ、子どもの気持ちに配慮した温かい触れ合いの中で、心と体の発達を促すこと。特に、一人一人の発育に応じて、体を動かす機会を十分に確保し、自ら体を動かそうとする意欲が育つようにすること。
② 健康な心と体を育てるためには望ましい習慣の形成が重要であることを踏まえ、ゆったりとした雰囲気の中で食べる喜びや楽しさを味わい、進んで食べようとする気持ちが育つようにすること。なお、食物アレルギーのある子どもへの対応については、嘱託医等の指示や協力の下に適切に対応すること。
③ 排泄の習慣については、一人一人の排尿間隔等を踏まえ、おむつが汚れていないときに便器に座らせるなどにより、少しずつ慣れさせるようにすること。
④ 食事、排泄、睡眠、衣類の着脱、身の回りを清潔にすることなど、生活に必要な基本的な習慣については、一人一人の状態に応じ、落ち着いた雰囲気の中で行うようにし、子どもが自分でしようとする気持ちを尊重すること。また、基本的な生活習慣の形成に当たっては、家庭での生活経験に配慮し、家庭との適切な連携の下で行うようにすること。

イ 人間関係
他の人々と親しみ、支え合って生活するために、自立心を育て、人と関わる力を養う。

(ア) ねらい
① 保育所での生活を楽しみ、身近な人と関わる心地よさを感じる。
② 周囲の子ども等への興味や関心が高まり、関わりをもとうとする。
③ 保育所の生活の仕方に慣れ、きまりの大切さに気付く。

(イ) 内容
① 保育士等や周囲の子ども等との安定した関係の中で、共に過ごす心地よさを感じる。
② 保育士等の受容的・応答的な関わりの中で、欲求を適切に満たし、安定感をもって過ごす。
③ 身の回りに様々な人がいることに気付き、徐々に他の子どもと関わりをもって遊ぶ。
④ 保育士等の仲立ちにより、他の子どもとの関わり方を少しずつ身につける。

⑤ 保育所の生活の仕方に慣れ、きまりがあることや、その大切さに気付く。
⑥ 生活や遊びの中で、年長児や保育士等の真似をしたり、ごっこ遊びを楽しんだりする。
(ウ) 内容の取扱い
　上記の取扱いに当たっては、次の事項に留意する必要がある。
① 保育士等との信頼関係に支えられて生活を確立するとともに、自分で何かをしようとする気持ちが旺盛になる時期であることに鑑み、そのような子どもの気持ちを尊重し、温かく見守るとともに、愛情豊かに、応答的に関わり、適切な援助を行うようにすること。
② 思い通りにいかない場合等の子どもの不安定な感情の表出については、保育士等が受容的に受け止めるとともに、そうした気持ちから立ち直る経験や感情をコントロールすることへの気付き等につなげていけるように援助すること。
③ この時期は自己と他者との違いの認識がまだ十分ではないことから、子どもの自我の育ちを見守るとともに、保育士等が仲立ちとなって、自分の気持ちを相手に伝えることや相手の気持ちに気付くことの大切さなど、友達の気持ちや友達との関わり方を丁寧に伝えていくこと。

ウ　環境
　周囲の様々な環境に好奇心や探究心をもって関わり、それらを生活に取り入れていこうとする力を養う。
(ア) ねらい
① 身近な環境に親しみ、触れ合う中で、様々なものに興味や関心をもつ。
② 様々なものに関わる中で、発見を楽しんだり、考えたりしようとする。

③ 見る、聞く、触るなどの経験を通して、感覚の働きを豊かにする。
(イ) 内容
① 安全で活動しやすい環境での探索活動等を通して、見る、聞く、触れる、嗅ぐ、味わうなどの感覚の働きを豊かにする。
② 玩具、絵本、遊具などに興味をもち、それらを使った遊びを楽しむ。
③ 身の回りの物に触れる中で、形、色、大きさ、量などの物の性質や仕組みに気付く。
④ 自分の物と人の物の区別や、場所的感覚など、環境を捉える感覚が育つ。
⑤ 身近な生き物に気付き、親しみをもつ。
⑥ 近隣の生活や季節の行事などに興味や関心をもつ。
(ウ) 内容の取扱い
　上記の取扱いに当たっては、次の事項に留意する必要がある。
① 玩具などは、音質、形、色、大きさなど子どもの発達状態に応じて適切なものを選び、遊びを通して感覚の発達が促されるように工夫すること。
② 身近な生き物との関わりについては、子どもが命を感じ、生命の尊さに気付く経験へとつながるものであることから、そうした気付きを促すような関わりとなるようにすること。
③ 地域の生活や季節の行事などに触れる際には、社会とのつながりや地域社会の文化への気付きにつながるものとなることが望ましいこと。その際、保育所内外の行事や地域の人々との触れ合いなどを通して行うこと等も考慮すること。

エ　言葉
　経験したことや考えたことなどを自分なりの言葉で表現し、相手の話す言葉を聞

こうとする意欲や態度を育て、言葉に対する感覚や言葉で表現する力を養う。
(ア) ねらい
① 言葉遊びや言葉で表現する楽しさを感じる。
② 人の言葉や話などを聞き、自分でも思ったことを伝えようとする。
③ 絵本や物語等に親しむとともに、言葉のやり取りを通じて身近な人と気持ちを通わせる。
(イ) 内容
① 保育士等の応答的な関わりや話しかけにより、自ら言葉を使おうとする。
② 生活に必要な簡単な言葉に気付き、聞き分ける。
③ 親しみをもって日常の挨拶に応じる。
④ 絵本や紙芝居を楽しみ、簡単な言葉を繰り返したり、模倣をしたりして遊ぶ。
⑤ 保育士等とごっこ遊びをする中で、言葉のやり取りを楽しむ。
⑥ 保育士等を仲立ちとして、生活や遊びの中で友達との言葉のやり取りを楽しむ。
⑦ 保育士等や友達の言葉や話に興味や関心をもって、聞いたり、話したりする。
(ウ) 内容の取扱い
　上記の取扱いに当たっては、次の事項に留意する必要がある。
① 身近な人に親しみをもって接し、自分の感情などを伝え、それに相手が応答し、その言葉を聞くことを通して、次第に言葉が獲得されていくものであることを考慮して、楽しい雰囲気の中で保育士等との言葉のやり取りができるようにすること。
② 子どもが自分の思いを言葉で伝えるとともに、他の子どもの話などを聞くことを通して、次第に話を理解し、言葉による伝え合いができるようになるよう、気持ちや経験等の言語化を行うことを援助す

るなど、子ども同士の関わりの仲立ちを行うようにすること。
③ この時期は、片言から、二語文、ごっこ遊びでのやり取りができる程度へと、大きく言葉の習得が進む時期であることから、それぞれの子どもの発達の状況に応じて、遊びや関わりの工夫など、保育の内容を適切に展開することが必要であること。

オ　表現
　感じたことや考えたことを自分なりに表現することを通して、豊かな感性や表現する力を養い、創造性を豊かにする。
(ア) ねらい
① 身体の諸感覚の経験を豊かにし、様々な感覚を味わう。
② 感じたことや考えたことなどを自分なりに表現しようとする。
③ 生活や遊びの様々な体験を通して、イメージや感性が豊かになる。
(イ) 内容
① 水、砂、土、紙、粘土など様々な素材に触れて楽しむ。
② 音楽、リズムやそれに合わせた体の動きを楽しむ。
③ 生活の中で様々な音、形、色、手触り、動き、味、香りなどに気付いたり、感じたりして楽しむ。
④ 歌を歌ったり、簡単な手遊びや全身を使う遊びを楽しんだりする。
⑤ 保育士等からの話や、生活や遊びの中での出来事を通して、イメージを豊かにする。
⑥ 生活や遊びの中で、興味のあることや経験したことなどを自分なりに表現する。
(ウ) 内容の取扱い
　上記の取扱いに当たっては、次の事項に留意する必要がある。

① 子どもの表現は、遊びや生活の様々な場面で表出されているものであることから、それらを積極的に受け止め、様々な表現の仕方や感性を豊かにする経験となるようにすること。
② 子どもが試行錯誤しながら様々な表現を楽しむことや、自分の力でやり遂げる充実感などに気付くよう、温かく見守るとともに、適切な援助を行うようにすること。
③ 様々な感情の表現等を通じて、子どもが自分の感情や気持ちに気付くようになる時期であることに鑑み、受容的な関わりの中で自信をもって表現をすることや、諦めずに続けた後の達成感等を感じられるような経験が蓄積されるようにすること。
④ 身近な自然や身の回りの事物に関わる中で、発見や心が動く経験が得られるよう、諸感覚を働かせることを楽しむ遊びや素材を用意するなど保育の環境を整えること。

(3) 保育の実施に関わる配慮事項

ア 特に感染症にかかりやすい時期であるので、体の状態、機嫌、食欲などの日常の状態の観察を十分に行うとともに、適切な判断に基づく保健的な対応を心がけること。
イ 探索活動が十分できるように、事故防止に努めながら活動しやすい環境を整え、全身を使う遊びなど様々な遊びを取り入れること。
ウ 自我が形成され、子どもが自分の感情や気持ちに気付くようになる重要な時期であることに鑑み、情緒の安定を図りながら、子どもの自発的な活動を尊重するとともに促していくこと。
エ 担当の保育士が替わる場合には、子どものそれまでの経験や発達過程に留意し、職員間で協力して対応すること。

【監修者紹介】

谷田貝公昭（やたがい・まさあき）
　　目白大学名誉教授
［主な著書］『しつけ事典』（監修、一藝社、2013年）、『新版・保育用語辞典』（編集代表、一藝社、2016年）、『実践・保育内容シリーズ［全6巻］』（監修、一藝社、2014～2015年）、『絵でわかるこどものせいかつずかん［全4巻］』（監修、合同出版、2012年）ほか多数

石橋哲成（いしばし・てつなり）
　　玉川大学名誉教授、田園調布学園大学大学院教授
［主な著書］『ペスタロッチー・フレーベル事典』（共編著、玉川大学出版部、2006年）、『ペスタロッチー・フレーベルと日本の近代教育』（共著、玉川大学出版部、2009年）、『新版・保育用語辞典』（共編著、一藝社、2016年）ほか多数

【編著者紹介】

青木　豊（あおき・ゆたか）
　　目白大学人間学部教授
［主な著書］『保育者養成シリーズ　障害児保育』（編著、一藝社、2012年）、『新版保育用語事典』（共著、一藝社、2016年）、『乳幼児精神保健の基礎と実践』（編著、岩崎学術出版、2017年）、『乳幼児－養育者の関係性　精神療法とアタッチメント』（単著、福村出版、2012年）ほか多数

藤田久美（ふじた・くみ）
　　山口県立大学社会福祉学部教授
［主な著書］『アクティブラーニングで学ぶ特別支援教育』『アクティブラーニングで学ぶ福祉科教育法－高校生に福祉を伝える－』（ともに単編著、一藝社、2017年）、『特別支援教育ONEシリーズテーマブック④子どものありのままの姿を保護者とどうわかりあうか』（共著、学事出版、2014年）ほか多数

【執筆者紹介】（五十音順）

青木 豊（あおき・ゆたか）　　　　　　［第2章］
　〈編著者紹介参照〉

有村玲香（ありむら・れいか）　　　　　［第15章］
　鹿児島国際大学福祉社会学部准教授

遠藤清香（えんどう・さやか）　　　　　［第13章］
　山梨学院短期大学教授

橘川佳奈（きつかわ・かな）　　　　　　［第9章］
　昭和女子大学人間社会学部非常勤講師

近藤万里子（こんどう・まりこ）　　　　［第3章］
　帝京短期大学講師

嶌田貞子（しまだ・さだこ）　　　　　　［第10章］
　白梅学園大学・白梅学園短期大学実習指導センター助教

関谷眞澄（せきや・ますみ）　　　　　　［第11章］
　千葉敬愛短期大学非常勤講師

土沢 薫（つちさわ・かおる）　　　　　　［第5章］
　宇都宮共和大学子ども生活学部准教授

寺島明子（てらしま・あきこ）　　　　　［第14章］
　近自然的環境保育 自然ランド・バンバン主宰

東 俊一（ひがし・しゅんいち）　　　　　［第8章］
　ノートルダム清心女子大学人間生活学部准教授

原子はるみ（はらこ・はるみ）　　　　　［第4章］
　　和洋女子大学教授

藤田久美（ふじた・くみ）　　　　　　　［第7章］
　　〈編著者紹介参照〉

堀江まゆみ（ほりえ・まゆみ）　　　　　［第6章］
　　白梅学園大学子ども学部教授

矢野 正（やの・ただし）　　　　　　　［第1章］
　　奈良学園大学人間教育学部教授

山本佳代子（やまもと・かよこ）　　　　［第12章］
　　西南学院大学人間科学部准教授

装丁 （デザイン）齋藤視倭子
　　　（イラスト）宮林道男

図表作成　望月まゆみ（ルナピデザイン）

コンパクト版 保育者養成シリーズ
新版 障害児保育

2018年3月30日　初版第1刷発行
2020年3月5日　初版第2刷発行

監修者　谷田貝 公昭・石橋 哲成
編著者　青木 豊・藤田 久美
発行者　菊池 公男

発行所　株式会社 一 藝 社
〒160-0014 東京都新宿区内藤町1-6
Tel. 03-5312-8890　Fax. 03-5312-8895
E-mail : info@ichigeisha.co.jp
HP : http://www.ichigeisha.co.jp
振替　東京 00180-5-350802
印刷・製本　シナノ書籍印刷株式会社

©Masaaki Yatagai, Tetsunari Ishibashi
2018 Printed in Japan
ISBN 978-4-86359-136-3 C3037
乱丁・落丁本はお取り替えいたします